中国人民政治协商会议北京市委员会 组织编写

黎晓宏 总主编

老北京述闻

吴文科 主编

宋波 蒋慧明 王晶 编著

老北京述闻
戏曲曲艺

北京出版集团
北京出版社

图书在版编目（CIP）数据

老北京述闻. 戏曲曲艺 / 中国人民政治协商会议北京市委员会组织编写；黎晓宏总主编；吴文科主编；宋波，蒋慧明，王晶编著. — 北京：北京出版社，2020.10

ISBN 978-7-200-15947-9

Ⅰ. ①老… Ⅱ. ①中… ②黎… ③吴… ④宋… ⑤蒋… ⑥王… Ⅲ. ①文化史 — 北京 — 通俗读物②地方戏 — 北京 — 通俗读物 Ⅳ. ①K291 — 49②J825.1 — 49

中国版本图书馆CIP数据核字 (2020) 第196371号

总 策 划	安　东
责任编辑	刘　娜　白　雪
责任印制	陈冬梅
装帧设计	合和工作室

老北京述闻　戏曲曲艺
LAOBEIJING SHUWEN　XIQU QUYI

组织编写	中国人民政治协商会议北京市委员会
总 主 编	黎晓宏
主　　编	吴文科
编　　著	宋　波　蒋慧明　王　晶
出　　版	北京出版集团 北京出版社
地　　址	北京北三环中路6号
邮　　编	100120
网　　址	www.bph.com.cn
总 发 行	北京出版集团
印　　刷	河北赛文印刷有限公司
经　　销	新华书店
开　　本	787毫米×1092毫米　1/16
印　　张	11.25
字　　数	138千字
版　　次	2020年10月第1版
印　　次	2023年7月第2次印刷
书　　号	ISBN 978-7-200-15947-9
定　　价	60.00元

如有印装质量问题，由本社负责调换
质量监督电话：010-58572393

编委会

主　　　任：吉　林
副　主　任：黎晓宏　王　宁　隋振江　牛青山
编　　　委：吴大仓　宗　朋　张　庆　池维生　舒小峰
　　　　　　陈　冬　陈名杰　宋　宇　闫立刚　李　良
　　　　　　康　伟　曲　仲　赵　书　张　勇　赵　珩
　　　　　　刘铁梁　李建平　刘一达　赵　前　岳升阳
　　　　　　姚　安　贺　艳　杨良志　刘卫东　安　东

总　主　编：黎晓宏
副　主　编：宗　朋　杨良志　安　东　岳升阳　贺　艳

总　序

北京有三千余年建城史，八百余年建都史。古都文化源远流长，京味文化脍炙人口。讲好北京故事，述说风土人情、民间万象、人生百味，是一件非常有意义的事。

《易经·贲卦》之《象传》有言，"观乎人文，以化成天下"。这是中国古代关于"文化"的最早提法。

文化是非常广泛和最具人文意味的概念，简单来说，文化就是地区人类的生活要素形态的统称，即衣、冠、文、物、食、住、行等。

文化学的奠基者、英国人爱德华·泰勒在1871年出版的《原始文化》中，给"文化"下过描述性的定义："文化……是包括全部的知识、信仰、艺术、道德、法律、风俗以及作为社会成员的人所掌握和接受的任何其他的才能和习惯的复合体。"[1]

著名学者钱穆认为，文化这两个字，本来很难下一个清楚的定义。我们说文化是指人类的生活，人类各方面各种样的生活总括汇合起来，就叫它作文化。[2]

2014年，习近平总书记在联合国教科文组织总部的演讲中指出："中国人民在实现中国梦的进程中，将按照时代的新进步，推动中华文明创造性转化和创新性发展，激活其生命力，把跨越时空、超

1　[英]爱德华·泰勒著，连树声译：《原始文化》，上海文艺出版社1992年版，第1页。
2　钱穆：《国史新论》，生活·读书·新知三联书店2001年版，第346—347页。

越国度、富有永恒魅力、具有当代价值的文化精神弘扬起来,让收藏在博物馆里的文物、陈列在广阔大地上的遗产、书写在古籍里的文字都活起来,让中华文明同世界各国人民创造的丰富多彩的文明一道,为人类提供正确的精神指引和强大的精神动力。"³

《老北京述闻》是为贯彻落实习近平总书记关于文化建设的重要论述和对北京重要讲话精神,以及传承发展北京"四个文化"中心建设要求而策划的系列书。该系列书立足首都全国文化中心定位,着重从古都文化、京味文化等方面,讲述北京人文故事,提炼首都文化符号,探讨首都文化的特点与传承。

此系列书以"亲历、亲见、亲闻"为基本原则,以故事性为特色,行文风格活泼生动,兼顾了知识高度和可读性。

全系列书共十二卷,分别讲述了北京三千余年历史中的历史典故、人文地理、营国故事、古都文脉、戏曲曲艺、风物民俗、胡同街巷、名人故居、京城会馆、饮食名馔、史籍志书、传说故事等方面的内容,涵盖了北京的皇城文化、士大夫文化、市井文化等多方面。

北京地区出现人类活动的迹象最早可以追溯到距今七十万年以前的旧石器时代,"北京人"在这里燃起了生命之火;"东胡林人"的脚步迈入了新石器时代;雪山文化叩开了青铜时代的大门……《历史典故》卷简要、清晰地再现古老北京自有人类以来的演进脉络以及在城市发展过程中产生过重要影响的一些历史事件和人物。

北京城坐落于三面环山的冲积平原上,历史上北京的山水环境和建设哺育、维系了北京城的形成与发展,启示、影响和塑造着北京的人文理念和精神生活,为北京文化提供了丰富而深刻的内涵。《人文地理》卷带您寻找山水之间北京文化脉络的延伸。

---

3 习近平:《论坚持推动构建人类命运共同体》,中央文献出版社2018年版,第83页。

北京城市格局和主要建筑体现出非常典型的以"宫苑"为核心、"都城"为肌体、"京畿"为辅弼的三层空间营建重点和结构，是中国传统都城营建理念和特色的集大成者，被梁思成先生称为"都市计划的无比杰作"。《营国故事》卷按照"宫苑—都城—京畿"三大板块，对北京城营建成就给予一个相对宏观的解读，写出了一个或从故纸堆里翻检出，或从师友间听闻过，或自己亲身走访过的，"建筑意"里的老北京！

政治地位的提升，给北京注入了更强的文化凝聚力。尤其成为金中都之后，翰林院、国子监等中央文化机构相继设置，北京逐渐成为北方的文化中心。元朝统一南北，其影响力进一步扩大，来自全国各地的文化精英聚集于此。《古都文脉》卷叙述了幽燕大地上绵延传续的文化底蕴。

鲁迅先生在《论"第三种人"》中曾提道："从唱本说书里是可以产生托尔斯泰，弗罗培尔的。"这说明，戏曲曲艺艺术依着悠久的历史，其内部所蕴含的与民族文化传统一脉相承的人文价值也是不容低估的。作为元、明、清三代的首都，戏曲曲艺在这里有着不曾中断的演出历史。《戏曲曲艺》卷讲述了数百年京城各式各样老北京戏曲曲艺的讲究和旧闻。

"小孩小孩你别馋，过了腊八就是年。腊八粥你喝几天，哩哩啦啦二十三。二十三，糖瓜粘；二十四，扫房子；二十五，做豆腐；二十六，炖大肉……"《风物民俗》卷从腊八这一天讲起，老北京市井生活百里长卷自此慢慢舒展，滋养着乡愁慢慢升腾。

北京城内道路南北交错，宛如棋盘。道路宽广又有统一的标准，"自南以至于北谓之经，自东至西谓之纬。大街二十四步阔，小街十二步阔"。胡同街巷是这个城市的脉搏，是北京历史与文化的载体，亦是联结这座五朝古都过去与现在的桥梁。《胡同街巷》卷用文字丈量着北京城大大小小的胡同街巷。

名人故居是历史名人灵魂的栖居地。自元、明、清以来，作为全国政治中心和文化中心，北京城的名人故居最集中。为让名人故居中蕴含的人文信息不致湮灭，《名人故居》卷带您寻找北京城共同的文化记忆。

在老北京南城的胡同里，深藏着一群特殊的建筑，表面上看，会馆只是一些陈旧的老房子，里面却积淀着非常丰厚的历史文化内涵。近代很多重大历史事件和重要历史人物都与京城会馆有关。会馆成为当时北京与各省、市间交流的重要场所，也为众多文化流派的碰撞提供了历史舞台。《京城会馆》卷本着让历史说话、让文物说话的初衷，把会馆里革命先驱、政坛领袖、仁人志士、文化巨匠的故事整理出来，把隐藏在古都深处的历史挖掘出来，把这些历史人物的人生轨迹和时代的风云变幻讲述给读者。

留住北京味道，传承美食文化。《饮食名馔》卷甄选了具有代表性的六十多种北京小吃和京城百年老店的人文趣事，在博杂中见传统，在粗犷中见讲究，将北京饮食"端"给您，爆肚儿、炸酱面、桃酥、糖耳朵、糖葫芦、干蹦儿、姜豆干、油炸鬼、枣豆腐、羊霜肠儿……北京味道是回忆，更是北京人的情怀、精神和乡愁。

书籍是文化世代传承的重要支撑，关于北京的史籍志书就像时光穿梭机，借此，人们可一览旧京风华。每一部史籍志书的背后，从撰写到刊行，再到流布传播，有许多旧事可言。《史籍志书》卷是老北京的史籍志书掌故的讲述者、内容的介绍者、新发现的引领者。

八臂的哪吒城，永远不旧的"北新桥"，沈万三和什刹海，"暴脾气"火神爷，大火烧鲜鱼口，安定门外的"满井"……北京的山川大地、皇宫王府、坛庙园林、胡同街巷、市肆商铺，无处不流淌着老北京的传说。听，这是《传说故事》卷讲给新北京的故事；听，这是北京讲给世界的故事。

从策划到执行，《老北京述闻》系列书的编写得到了中国国家图书馆、北京大学、清华大学、北京市文化和旅游局、北京出版集团等北京文化建设工作主要承担者的资源支持，各分卷作者多是北京文化建设各领域的专家。

本系列书对北京文化的深层次探索，或可为北京文化建设工作提供新的视野和历史支撑，能够在日后的北京文化发展历程中，真正帮助北京读者、外地读者甚或国际读者找到北京文化的认同感，共同擦亮北京文化这张"金名片"。

目录

前言	001
戏曲	001
北京戏曲概述	003
形成于北京的京剧	014
北　昆	082
评　剧	098
北京的剧场	104
曲艺	117
凯歌奏唱话岔曲	119
"一人单弦八角鼓"	121
"八旗子弟乐"相传——子弟书	125
"双学一人"演双簧	127
"一代鼓王"刘宝全	129
"梅花鼓王"金万昌	132
走街串巷数来宝	135
"琴书泰斗"关学曾	138
谈古论今人间事——评书	141
说学逗唱解人颐——相声	144

前言

戏曲在北京

戏曲是文化名城北京的一张烫金名片，其中最为人熟知的是京剧。民国初年，来到北京的外国人，就把登长城、吃烤鸭、看梅兰芳当成是直观了解北京的途径。1956年，中国古典歌舞团出访北欧五国，带去的就是京剧。这种"综合性的，在创造上高度地融合了歌唱、舞蹈、哑剧、道白、武功、音乐、美术各方面，成为一种完整的统一的整体而又各有重点，灵活变化，使人既感到无限丰富，也感到无限完美"的古典歌舞艺术形式，"对于西方观众来说，在艺术的表现方面，打开了十分新鲜和动人心魄的天地"。在北京形成的京剧，至今已经有两百年的历史传承，这比很多城市的历史都更加悠久。北京作为历史古都，拥有强大的娱乐消费能力，也形成了休闲娱乐的惯性特征。"典衣看戏是京师"，《琉璃厂杂记》中，把"跑车、听戏、叉麻雀、逛公园"称为"端午之乐人所同"，每逢年节，配合着地方的民俗习尚，戏曲演出更是不可缺少的内容。

不过，较之北京城中戏曲以往的经历，即使京剧也只能放低身段，屈尊自称是年轻的剧种，中国的戏曲艺术自形成之日起，就和这座城市难分难解，如有天作之合。世界上三种古老的戏剧文化（希腊悲剧和喜剧，印度梵剧和中国戏曲）就成熟时间而言，中国戏曲相对较晚,到12世纪才形成完整的形态。

金国把今天的北京定为国都,命名中都;元朝下诏议中都为大都,迁都于此;明朝永乐改北平为北京,由南京迁都至此;清朝八旗入关逐鹿中原,在此定都。宋金是戏曲的形成时期,元代是戏曲的成熟时期,明清是戏曲的兴盛时期。

作为元、明、清三代的首都,戏曲艺术在这里有着不曾中断的演出历史。元代陶宗仪在《南村辍耕录·院本名目》中写道:"唐有传奇,宋有戏曲、唱诨、词说,金有院本、杂剧、诸宫调。"他所说的戏曲是专指元杂剧产生以前的宋杂剧。从近代王国维开始,"戏曲"一词变成了包括宋元南戏、元明杂剧、明清传奇以至于近代的京剧和所有地方戏在内的中国传统戏剧文化的通称。因此还可以说,戏曲的发展、演进和嬗变,都和这座城市结下了不解之缘。

老北京的曲艺

悠久的历史和丰富的文化积淀,尤其是作为五朝都城,有着政治、经济、文化中心的特殊地位,使得北京的曲艺不仅传统深厚,更具有不同于其他地区的独特内涵。

曲艺,是我国各种说唱艺术的统称,是由古代民间的口头文学和歌唱艺术经过长期发展演变形成的一种独特的艺术形式。虽然在西汉时的典籍中就出现过"曲艺"这两个字,但跟今天的字义并不相同;过去被纳入"百戏"中,或直接称之为"说书的""唱曲儿的""唱大鼓的",所谓的什样杂耍就是我们所说的曲艺。民国初期,北京开始有人将说唱艺术称作"曲艺",1946年成立的北平市曲艺公会,应该是"曲艺"一词首次被实际应用。直到1949年7月,在北京召开的第一次中华全国文学艺术工作者代表大会上,成立了"中国曲艺改进协会筹备委员会"(即中国曲艺家协会的前身),至此,"曲艺"一词正式用作指代各种说唱艺术形式的专用名称。

鲁迅先生在《论"第三种人"》的文章中曾提到:"从唱本说书里是可以产生托尔斯泰,弗罗培尔[1]的。"这说明,曲艺艺术不仅有着悠久的历史,其内在所蕴含的与民族文化传统一脉相承的人文价值也是不容低估的。

据现有的文献资料考证，古代北京的曲艺艺术在金、元时期就已经相当活跃。

《金史》列传以及《京本通俗小说》中都记载了一位幼名张牛儿的伶人张仲轲因善调笑，深受皇帝完颜亮宠幸，甚至官至一品被擢为秘书郎，可以出入宫禁的事例。而在院本杂剧中，则吸纳和保存了大量金代的曲艺说唱因素以及当时的表演形态，从中能够清晰地看出延承自古代俳优说唱传统的脉络。

到了元代，尽管民族压迫严酷，但说书艺术在元大都仍然相当兴盛。比如韵散相间的词话就是元代曲艺中的重要品种，像关汉卿等杂剧作家也都经常在作品中直接引用词话的唱词，说明它在民间广受欢迎，也对大都的艺术创作活动有所影响。

此外，"说唱货郎儿"也是当时流行的一种说唱技艺，今只能在元杂剧《风雨像生货郎旦》中间接了解一些大概的演出情形，因为并无作品留存下来。

元代还时兴过散曲，有别于戏曲的形制，只是清唱曲牌，以弦索、笙笛、鼓板等伴奏，分为套曲和小令两种。特别是像一些民间作品如无名氏〔醉太平〕小令，其中"官法滥，刑法重，黎民怨"的唱词直接反映了百姓的疾苦和心声，广为传诵。

不过，这些深受百姓欢迎的说唱形式，朝廷对此却是明令禁演的："诸民间子弟不务生业，辄于城市坊镇搬演词话，教习杂戏，

聚众淫谑，并禁治之。"（《元史》）

至明代，说书继续在民间流传，"世之瞽者或男或女，有学弹琵琶，演说古今小说，以觅衣食。北方最多，京师特盛"。（姜南《蓉塘诗话》）甚至宫廷里都设有专职说书人（沈德符《万历野获编》）。元代时已有的平话，这时也叫作评话。

明代词话在北京仍相当流行，这从后世发现的许多词话刻本中可以得到验证。像"花关索传"（四种）、《新刊全相说唱包待制出身传》等，有说有唱，韵散相间，其中韵文句式基本是七言的诗赞体。

此外，明代起，各种生活气息浓郁的民歌、小调逐渐兴起，取代了日渐僵化的散曲，统称为"时调小曲"。像〔罗江怨〕〔银绞丝〕〔挂枝儿〕等曲牌几乎人人喜听也爱唱。另有一种说唱性很强的表演技艺"倒喇"，系从北方蒙古、热河等地传入北京并慢慢流行开来，《万历野获编》《帝京景物略》等著作中均有记载。

到了清代，曲艺在北京的发展局面可谓继往开来。不断丰富的曲艺形式，日臻成熟的说唱技巧，再加上相对稳定的政治生态与经济民生，客观上也促进了艺术的繁荣和民族间、地区间的文化交流。因此，在这一时期，许多重要的曲种逐步定型，流传至今，形成了中国曲艺丰富多彩、各具特色的繁盛景象。

清初北京的曲艺是明代曲艺的延续，像民间流行的说书，是由有说有唱的词话于明清之际发展而成的鼓词，或称鼓书，唱词散韵结合，以弦索伴奏。至乾隆初年，只说不唱的评书与又说又唱的弦子书分流，成为一个影响深远的大曲种。而在又说又唱的鼓书中又分化出只唱不说的短段，也就是后世各种大鼓的滥觞。此外，各类时调小曲仍在繁衍，只是慢慢走向衰退，其曲调多为其他唱曲类曲种吸收化用。

乾隆年间，操八角鼓演唱的岔曲逐渐发展成熟，流行于八旗子弟中。此时还形成了配以三弦伴奏的子弟书这一重要曲种，"其调雅驯，其声和缓，有东城调、西城调之分"。子弟书的许多唱段后来都被艺人移植到各种大鼓中演唱，流传至今。满族八旗子弟创始的另一重要曲种八角鼓，吸纳了诸多明清俗曲曲牌，形成了曲牌连缀体的体式，并有所发展，其曲词在《霓裳续谱》《白雪遗音》中多有保存。嘉庆年间盛行的全堂八角鼓则是多个曲种的组台演出方式。

从八角鼓演唱中逐步又分解派生出单弦牌子曲、拆唱八角鼓、联珠快书等独立的曲种，以及以说为主的相声这一独特的表演曲种。此外，还有莲花落、数来宝、双簧等多种曲艺形式。至清末，曲艺已成为仅次于戏曲的主要艺术门类，演出兴盛，艺人众多。

中华民国时期，"曲艺"一词开始被用来指称各种说唱艺术

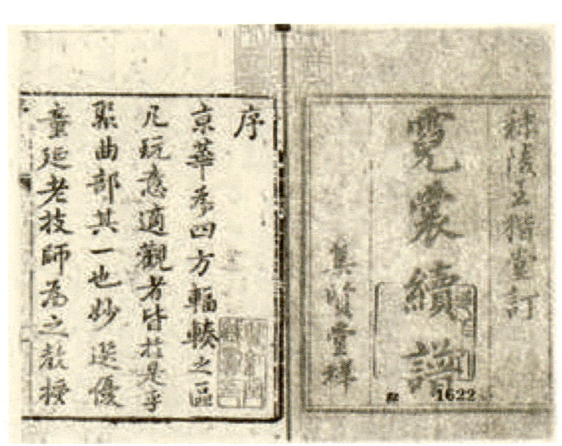

霓裳续谱

白雪遗音

形式。相声、评书、京韵大鼓、梅花大鼓、单弦牌子曲以及一些由外地传入北京的曲种如西河大鼓、河南坠子、山东快书等曲种都各有拥趸,名家辈出,流派纷呈,曲目丰富,题材广泛。演出场所则有明地、书馆、杂耍园子和电台播音等多种形式。这一时期亦大量出现了刊载曲艺唱本的出版物,以及曲艺唱片的出版发行,为我们留下了宝贵的资料。

至20世纪40年代后半期,由于战乱频仍,民生凋敝,曲艺演出虽然遍布城乡,但艺人们为了生存疲于奔命,作品难免良莠不齐,整个曲艺事业已大大落后于时代的发展和群众的需求,表现出停滞衰退的迹象。1949年10月,中华人民共和国成立,曲艺艺术从此才彻底焕发新生。

曲艺演出海报

戏曲

北京戏曲概述

北京的戏曲，和各个地方都有所不同，中国戏曲成熟的时间，恰巧和北京长期作为首都的时间相吻合，"能调乐府有关卿，同乐时闻戏鼓声。演出传奇新样好，河清海晏乐升平"。官廷文化、精英文化和民间文化在京城中直接互动，相互作用，彼此影响，历朝历代戏曲名家争胜，传世佳作层出不穷，所谓"新谱梨园唱几回，都人百万拥高台"。台上表演为了吸引观众不断翻新花样，台下观众见惯了名剧名伶，无形中调高了欣赏口味，对表演的要求格外挑剔。还养成了喜新不厌旧，乐于比较，善于品评，视戏曲演出为当地生活方式的观剧心理。"百日之蜡一日泽，歌咏劳苦岁有常。有司张弛之道宜以古为法，毋令一国之人皆若狂。"京中观众对戏曲如此狂热迷恋，难免让官方不时生出警惕之心。

京城中的戏禁最为严厉。《元典章》规定，"诸妄撰词曲，诬人以犯上恶言者处死"，还有着"禁聚众赛社集场""禁治装扮四天王等""禁治锣鼓"等条文，对城市中的演戏活动严加限制。明代《大明律》中规定，"凡乐人搬做杂剧戏文，不许装扮历代帝王后妃、忠臣烈士、先圣先贤神像，违者杖一百。官民之家，容令装扮者同罪"。永乐九年（1411）更进一步明令"今后人民倡优装扮杂剧，除依律神仙道扮、义夫节妇、孝子贤孙、劝人为善及欢乐太平不禁外，但有亵渎帝王圣贤之词曲，驾头杂剧，非律所该载者，敢有收藏、传诵、印卖，一时拿送法司究治"。《大清律例·刑律杂犯》中有"凡乐人搬做杂剧、戏文，不许装扮历代帝王、后妃及先贤、先圣、忠臣、烈士神像，违者杖一百；官民之家，容令装扮者与同罪；其神仙道扮及义夫节妇、孝子贤孙，劝人为善者，不在禁限"的规定，几乎是《大明律》的翻版。清代禁止女性登台就可以算是北京特色，相声中对"国丧"期间艺人窘迫生活状态的描述，也可以视为清代京城戏曲的特点之一。

元代陶宗仪所编撰的《南村辍耕录》中载有一份极其珍贵的《院本名目》，共分为十一个大类，包括金代院本名目约七百个。其中的"院幺"又称"幺末"或"幺末院本"，是一个比较特殊的类别。仅从名目中就会发现"院幺"具有剧情更丰富、搬演故事更完整的特点，或许"院幺"就是元杂剧的前身。可以想见的是，金中都曾经有一批最早的戏曲职业艺人，用最初始的戏曲形式在这里演出——这可能是戏曲舞台最早的嬉笑怒骂，最早的悲欢离合。金代还出现了董解元的说唱诸宫调《西厢记》。"董西厢"是一部里程碑式的作品，它标志着说唱艺术无论在文学上还是音乐上都已经完全成熟，这就为戏曲的产生在文学和音乐上铺平了道路。钟嗣成的《录鬼簿》认为董解元是北曲的首创人，后世也对这部作品不吝赞美之词，充分肯定了"董西厢"的艺术贡献："谁凿人间曲海源，诗余一变更销魂。倘从五字求苏李，忆否完颜董解元。"金代诸宫调是元代北曲的先行者，王实甫夺魁元杂剧的不朽名篇《西厢记》，文学上正是"董西厢"进一步的戏剧化；音乐上元杂剧通用的四折一楔子的曲牌联套体，也正是诸宫调音乐向戏剧化所迈进的重大一步。元人就已经直接肯定了诸宫调对元杂剧的音乐影响："谈锋衮衮决悬河，嚼徵含宫格调多。唱到至元供奉曲，篆烟风细蔼春和。"

戏曲史中有大量作者可考的剧本首先出现在元代，元杂剧的成就获得后世的高度评价："开国遗音乐府传，白翎飞上十三弦。大金优谏关卿在，《伊尹扶汤》进剧编。"元代钟嗣成在《录鬼簿》中所记载的元杂剧前期作家，大多活动于金末前后至元成宗元贞、大德前后百余年间，他们的活动中心主要在大都。这其中有"总编修师首，捻杂剧班头"的关汉卿、"战文场、曲状元，姓名香、贯满梨园"的马致远、"新杂剧，旧传奇，《西厢记》天下夺魁"的王实甫、"洗襟怀，剪雪裁冰。闲中趣，物外景，兰谷先生"的白朴、"么末中补缺加新令，皆号为杨补丁"的杨显之，以及高文秀、石君宝、纪君祥等。"沙罗檀槽唱北宫，词场关马足称雄。豹头凤尾当时体，大有幽并侠士风。"他们笔下的传世经典名作就多达数十种。这些仕途失意，名位不著，身份在士人与倡优之间的读书人和《青楼集》中记载的艺人，共同打造出让后人长久仰望的元杂剧艺术殿堂。"乐府梨园，先贤老郎，上殿伶伦，前辈色长，承应俳优，后进教坊。有伎俩，尽夸张，燕赵驰名，京师作场。"《窦娥冤》《梧桐雨》《汉宫秋》《赵氏孤儿》等戏曲名作都曾经在这里留下过不灭的艺术光彩。"大都词客本风流，百岁光阴老更道。文到元和诗到杜，月明孤雁汉宫秋。"元杂剧如今被视为一代文学的代表。

明代对戏曲的教化作用非常重视，朱元璋就把南戏《琵琶记》视为"如山珍海错，富贵家不可无"的精神食粮。一些宗室藩王，如宁献王朱权、周宪王朱有燉等，更是率先垂范，带头总结戏曲创作经验，亲自编写杂剧粉饰太平。舞台上的笙歌锣鼓、彩衣绣袍是藩邸、豪门、官衙、巨贾生活的重要组成部分。明代戏曲以文人创作的传奇为代表，创作队伍中有高官显贵，大儒名士；也有失意官吏，落魄文人。词山曲海中，不乏传唱不绝的名作名篇。以梁辰渔《浣纱记》为代表的"昆山派"，沈璟《义侠记》为代表的"吴江派"，汤显祖《牡丹亭》为代表的"临川派"的创作，共同成就了

元杂剧剧本插图《琵琶记》

元杂剧剧本插图《灰阑记》（二图）

元杂剧剧本插图《感天动地窦娥冤》
（二图）

昆曲人称"雅部"的尊贵地位。皇宫大内更是尽情彰显皇家傲视天下的豪奢气派,教坊司"专备大内承应""内廷诸戏具隶钟鼓司"。嘉靖、万历年间的于慎行曾有记载:"正德中,乐长臧贤甚被宠遇,曾给一品服色,然官名体秩则不变也。相传本司门曾改方向,形家见之曰:'此当出玉带数条。'闻者愕而笑之。未几,上有所幸,伶儿入内不便,诏尽官之,使入为钟鼓司官,后皆赐玉。至今内中诸署,指钟鼓司为东衙门,贱而不居,当以此故耳。"明武宗游乐无度,行事荒唐,对伶人的宠信和厚待让天下士子愤愤不平,也侧面反映出内廷对演戏的重视程度。嘉靖以后传奇创作大行其道,宫中在"本朝教坊编演"的剧目以外,更增加了"弋阳""海盐""昆山"诸腔,玉熙宫(今北海公园西侧,国家图书馆)选入近侍三百人学习外戏,不由钟鼓司管辖,专供娱乐之用。即使以勤政闻名的崇祯皇帝,在玉熙宫宴会时,也少不得观赏过锦水嬉之戏,暂时忘记遍及四方的烽火狼烟。

清朝初年,沿用明代教坊司,雅乐(中和乐、丹陛乐等)用于大典活动,俗乐(戏曲、队舞、讴歌等)用于日常活动。顺治起,逐渐停止教坊司妇女入宫奏乐演戏,改由太监承应。康熙时,组建了规模庞大的宫中演出机构景山、南府,开创了臣民赴京祝寿,全城高搭戏台的先例。乾隆间,宫廷大戏编演达到高峰,内、外学人数超过千人,把戏曲演出的规模推向极致。"声翻禁曲板轻敲,度出宫墙声易消。可有少年桥上记,归来按谱奏云筊。"当南府教习演戏的时候,总会有同行在宫墙外伫立倾听,偷师学艺。嘉庆以后,清王朝的统治逐渐走向衰落,奢侈无度的宫中演出日益成为沉重的财政负担。道光七年(1827)撤销景山,改南府为升平署,并遣散全部民籍学生,内学全用太监,宫中演出机构由此急剧萎缩。为了维持表演质量,光绪十九年(1893),痴迷观戏的慈禧太后恢复了咸丰十年"查取外边戏班名称,指称入内

升平署的戏台

清代的太监戏班子

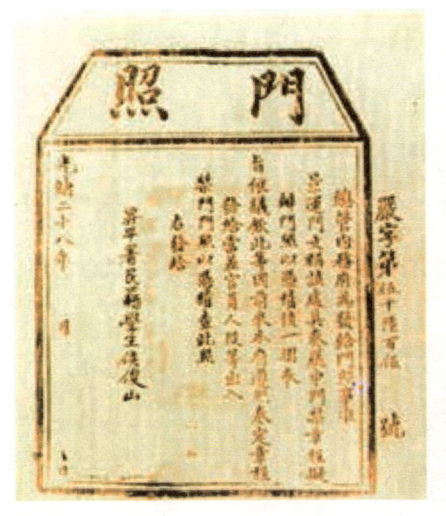
清宫内务府发给梆子名伶侯俊山的门照

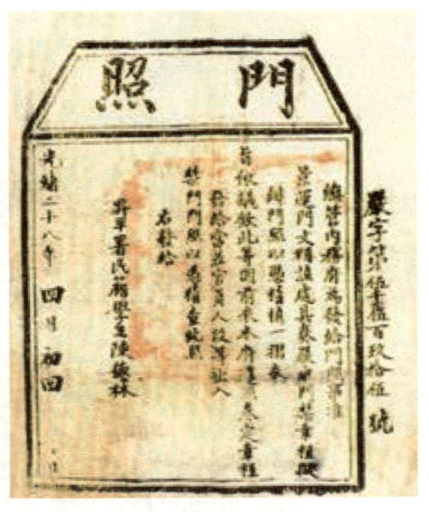
清宫内务府发给京剧名伶陈德林(霖)的门照

清宫内务府发给戏曲名伶郭得(德)顺的腰牌

清宫升平署的印章

演戏"的旧例，大量皮黄戏（京剧起源于清初流行在江南地区，以西皮和二黄两种腔调为主的徽班戏曲形式，故又称皮黄戏）艺人被选入宫中承差，成为"内廷供奉"，民间名伶会聚宫中演出，京剧由此声名大振。正如张次溪先生在《清代燕都梨园史料》中所言：

> 戏剧一道，有清一代为最盛。盖清室来自漠野，目所睹者皆杀伐之事，耳所闻者皆杀伐之声，一聆夫和平雅唱，咏叹淫佚之音，宜乎耽之、悦之。上以此导，下以此应。于是江南各地梨园子弟相率入都。

明末清初，地方剧种发展迅速，昆曲、高腔、梆子腔等声腔剧种都争先恐后地进军都城，力图在京中菊坛占有一席之地。昆曲由于其历史、文化优势，在明、清宫廷演出活动中一直占据重要地位，号称"雅部"。康熙中期，洪昇的《长生殿》和孔尚任的《桃花扇》相继问世，两部传奇巅峰之作震动北京剧坛之余，还引来了康熙皇帝的关注。艺术上的巨大成功，带给作者的是"断送功名到白头"的坎坷。鸿篇巨制的传奇创作由此走入低谷，昆曲进入"折子戏"时代。

擅长"腔随地转，改调歌之"的弋阳腔，流入北方后吸收了地方的字音声调，"仍昆腔之辞，变其音节耳，内城尤尚之"，被称为"京腔"，曾经有过"不用笙箫奏法筵，只闻锣逐鼓喧阗。高腔曲子声如沸，赚得燕人笑语颠"的热闹景象。还走进大内，成为宫廷大戏的组成部分。后来北昆的形成，就和宫中演出"昆弋并用"有一定关系。

梆子腔也曾经在北京轰动一时。乾隆四十四年（1779），凭借着为乾隆皇帝七十寿辰贺寿，各地戏班云集北京的机会，秦腔艺人魏长生从四川来到北京搭班演出，造成"京腔旧本置之高阁。一时歌楼，观者如堵"的盛况，导致高腔艺人"争附入秦班觅食"。各地山陕梆子（也有史料称"西部"）艺

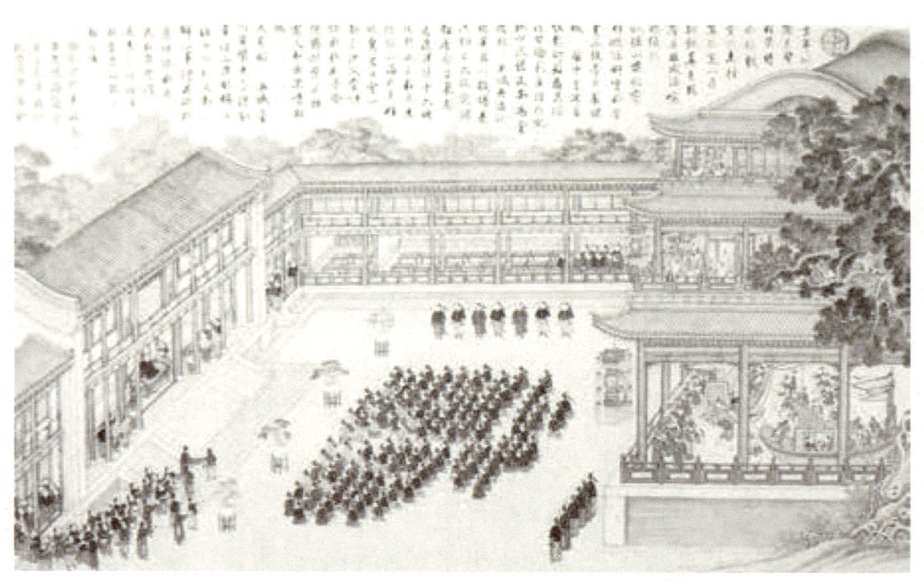

清乾隆五十三年（1788）在热河避暑山庄清音阁为平定台湾的有功将士庆功

人络绎不绝地来到北京，由于垄断着北京钱庄票号，钱银汇兑业务的晋商支持，舞台一时间"新腔梆子效山西"，虽然"有客南来听未惯"，却也不乏看客捧场。

张际亮《阅〈燕兰小谱〉诸诗，有慨于近事者，缀以绝句》中感叹道："法曲重闻罢景山，霓裳子弟出人间。相逢莫作琵琶怨，那为飘零始玉颜。"宫廷戏曲演出的没落，为地方剧种，也就是"花部"在北京的发展起到了铺垫作用，而地方剧种与昆曲在北京争夺剧坛领袖地位的艺术竞争，在戏曲史中被

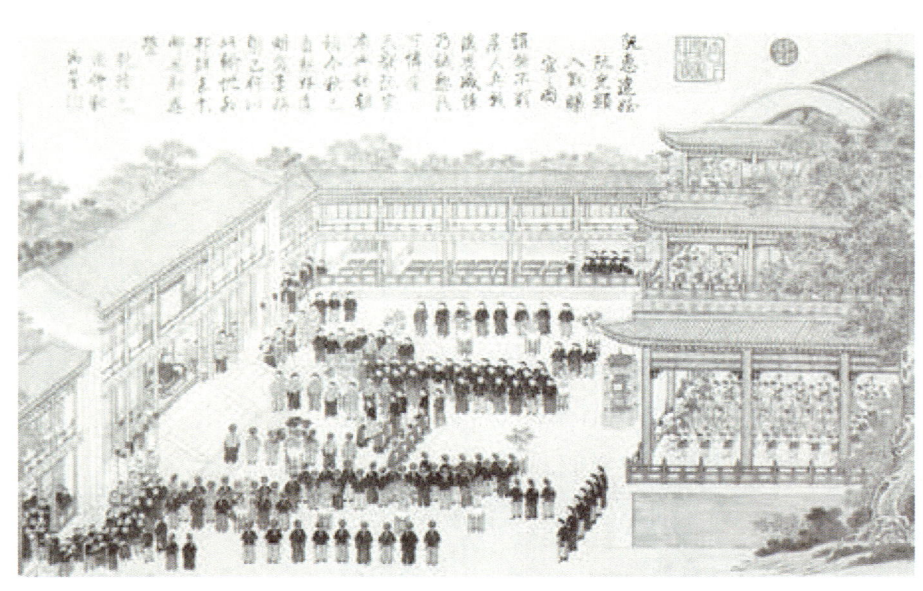
清乾隆五十五年（1790）安南王阮惠遣侄光显入觐赐宴在热河避暑山庄清音阁观剧图

称为"花雅之争"。昆曲在北京不断受到各个地方剧种的挑战，高腔、梆子腔在北京相继称雄，京剧最终成为京城梨园领袖，都是"花雅之争"的组成部分。

形成于北京的京剧

京剧是清代同光年间形成于北京的戏曲剧种。也称京戏或皮黄戏,光绪二年(1876),"京剧"之名始见于上海。1928年,国民政府南迁,北京更名北平,京剧曾改称平剧。另外,20世纪20年代,具有全国性影响的京剧还被称为国剧。而"话剧""文明戏"等"新剧"形式出现后,京剧还被相应称为"旧剧"。多变的称谓,见证了京剧走过的曲折而漫长的道路。

徽班进京

清王朝有过三次声势浩大的祝寿庆典:第一次是康熙皇帝六十寿辰(1713),大清正值盛世,冷枚、王原祁等画家留下的《万寿盛典图卷》,记录了这次北京城中各处祝寿的盛况;第三次是慈禧太后六十寿辰(1894),虽然大清已经气息奄奄,粉饰太平的气势却是一丝不减。城内从西华门到西直门,城外从西直门到颐和园东宫门,处处高搭戏台,演唱不绝。慈禧生日的当天,宫中喜庆的锣鼓声和旅顺轰鸣的枪炮声,合成了大清的甲午哀歌。第二次则是乾隆皇帝八十寿辰(1790),赵翼在《檐曝杂记》"大戏"条中,记录了承德避暑山庄清音阁宫廷大戏演出的壮观景象。这次京中演出的一支小插曲,催生出戏曲史上的一个大事件——徽班进

清光绪年间茶园演剧图

🔥 晚清戏折

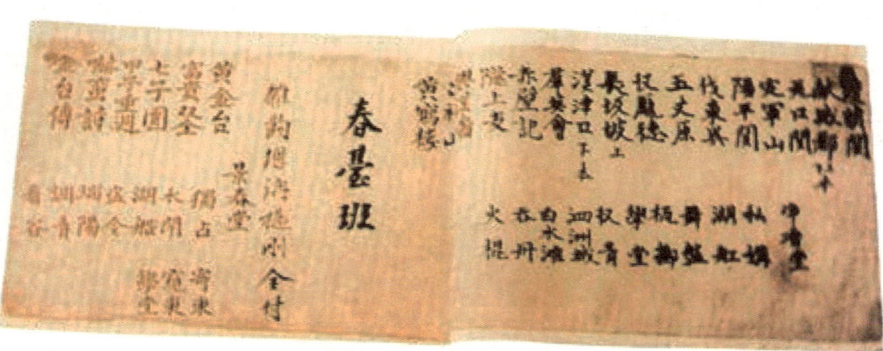

🔥 清乾隆三十九年（1774）春台班戏单

京。受闽浙总督委派,浙江盐务带旦角艺人高朗亭为台柱的"三庆徽"参加祝寿演出,这是一个"以安庆花部,合'京''秦'两腔,名其班曰'三庆'"的著名徽班。这个第一次在北京亮相的戏班,凭借二黄新声,很快就征服了喜新厌旧的北京观众,"保和宜庆旧人非,又出名班三庆徽"。追随着三庆班的脚步,四喜、和春、春台等徽班相继进京,"阳春白雪知音少,近日歌楼尽二黄",徽班在北京大受欢迎的同时,京中"花雅之争"也再次激烈起来。

徽班是能够兼唱多种声腔的戏班,有能合京、秦二腔的优势,当时戏班为着"家家收拾起,户户不提防"的时尚需要,昆曲必不可少。大批秦腔艺人加入徽班,不仅带来了秦腔在剧目、声腔、表演各方面的精华,还带来了适应北京观众多方面欣赏要求的经验。道光年间,"京师歌楼擅名者,分为四部:曰'春台'、曰'三庆'、曰'四喜'、曰'和春',各擅胜场,以争雄长"。咸丰初年,"四大徽班"形成了各自不同的艺术风格和表演特点,"三庆的轴子(指演出的最后一出,时三庆班以连演整本大戏见长),四喜的曲子(指昆曲,时四喜班以擅演昆曲著称),和春的把子(指武器道具,和春班以武戏取胜),春台的孩子(指童伶,春台班以童伶表演尤其出色)"誉满京华。

嘉庆、道光年间,汉调(又称楚调)艺人开始相继进京,叶调元《汉口竹枝词》(道光三十年成书)描述说"曲中反调最凄凉,急是西皮缓二黄",说明当时西皮和二黄已经在湖北合流,演唱西皮的艺人加入徽班毫无问题。京中一时流行楚调,徽班又兼得楚调之长,为融合二黄、西皮、昆、秦诸腔向京剧衍变奠定了基础。戏曲湘、淮军在北京的携手联合,为后来京剧流布全国打开了方便之门。"四大徽班"进京被视为京剧形成的前奏,在京剧发展史上具有重要意义。

京剧行当和行头

行当是戏曲特有的表演体制，简单说行是行业，具体到戏曲表演，就有专门扮演某种角色或表现某种特定角色的行业之意；当是担当，就是在本身行业中，承担分内的表演工作。行当既是演员表演任务的具体分工，也是表演技术的类型化区分，还是对社会生活中各种类型人物共性的高度概括。行当是随着戏曲表演需要而不断丰富发展起来的。参军戏就有了参军、苍鹘的规定性表演分工；元杂剧一人主唱，划分出末、旦、净、杂四类主要行当；昆曲盛行时出现了"江湖十二脚色"的创造性分工。但是行当划分最细致的首推京剧。

京剧行当划分，早期受到昆弋、梆子、汉调等剧种影响，相传有末、生、旦、净、丑、副、外、武、杂、流十行（另有"十门角色"的说法）。京剧形成后，对行当再次进行了概括提炼，末、外归入生行，副分别归入净、丑行；杂行，俗称"底包零碎"，扮演旗锣伞报、车夫、轿夫等；武行（又称筋斗行），俗称打英雄，扮演武戏中的配角；流行（又称文堂行），专任龙套、青袍等不翻跟头，不动把子的角色。清末民初，京剧班社逐渐形成了"七行七科"的组织制度。不上台表演的叫科；上台演出的称行，七行即生行、旦行（也称占行）、净行、丑行、杂行、武行、流行。后三行现已不立专行，生、旦、净、丑成为四大行当。

京剧舞台的角色，旧时角色有行当之意，现在角色多理解为人物。在生、旦、净、丑四行中，各行又细致区别艺人的具体承当。生饰演男性角色，一般俊扮，生行中有老生（成年男性，戴髯口，就是胡子。分重唱的安工老生、重做的衰派老生、重武的靠把老生）、武生（以武功见长的男性，分长靠武生、短打武生，并应工猴戏）、小生（年轻男性，分扇子生、雉尾生、穷生、武小生）、红生（饰演关羽、赵匡胤等特定人物)、娃娃生(饰演儿童,例由童伶担任);旦饰演女性角色,一般俊扮,旦行中有青衣(也称正旦,成年女性,以唱为主)、花旦(年轻女性,唱念做俱重)、刀马旦(扎靠,马上杀敌的女将)、武旦(行走江湖,武功高强的女性)、老旦(老年女性);净饰演性格特征突出的角色,也称"大花脸",脸谱是最明显的特点,净行中有正净(重唱工,气派,如铜锤、黑头)、架子花(重功架,身段,并任"奸白脸"戏)、武二花(重武功,长靠、短打皆有,多为正面人物)、摔打花(重跌扑摔打,多为反面人物);丑也称"小花脸"或"三花脸",不同于净行用整张脸谱,只在鼻颊间涂抹"枣核""馒头""豆腐块"形状的粉块,丑行中有文丑(分方巾丑、袍带丑、老丑、茶衣丑,并兼演彩旦、婆子)、武丑(又称开口跳,擅长翻跌蹿跳,念京白)。京剧行当的划分,除依据人物的自然属性(性别、年龄)和社会属性(身份、职业)外,还按照人物的性格特征和创作者对人物的褒贬态度不同而异。各个行当都有一套属于自己的完整的表演程式,在唱念做打的技艺上各具特色。

通过表演行当化,京剧架构出一个庞大而有序的舞台人物体系,形成了一整套训练表演程式体系,解决了艺人术业有专攻的"正工"(本工)学习分类,一专多能的"应工"(两门抱或兼工)舞台沿袭,以及节日、堂会、义务戏演出时特殊的"反串"(跨行表演)问题。行当分工把只有小角色,没有小演员的角色理解,真正落实到表演中。任何一个京剧剧目中,所有的演员都有自己的表演行当归属,所有的人物都有自己的行当表演依据,每个行当都有过经典的个性化舞台演绎,行当是京剧表演无所不能的根本,也是戏曲走向演员表演为中心的关键。

行头是指剧中人物所穿的服装。元杂剧起,戏曲职业班社就处于流动状态,四方行走演出。"行装曰行",班社游走各地的时候，必然随身携带着演出时必不可少的服装和道具，"行头"成为戏曲中的专门用语。"戏具谓之行头，分衣、盔、杂、把四箱。衣箱、盔箱均有文扮、武扮、女扮之分，杂箱中皆用物，把箱中则銮仪兵器，此为江湖行头。"这里所说的"江湖行头"，包括服装、盔帽、道具和刀枪把子等，几乎囊括了演出所需要的一切用品。班社行走江湖，行装过多，势必增加演出成本，何况还不方便。因此，戏曲演出逐渐发展出一套约定俗成的行头规制，简单说就是不分朝代，不分季节，不分地域，一式服装，汇通古今。同时又有着"宁穿破，不穿错"的具体舞台穿戴要求，在保持穿戴和人物形象相吻合的同时，注重美观通用。如今京剧所说的行头，主要指人物扮演的服装，其程式化特征在行头方面，体现得极为细致具体而且丰富生动。

京剧的行头首先是戏衣，虽然有其生活依据，却不能是生活的原样照搬。"佛靠金饰，人靠衣装"，行头能够让观众方便简约、快捷准确地识别舞台人物身份，其重要性不言而喻。行头并不是简单的生活服装套用，所以京剧才会形成自身的穿戴规制。行头的设计和使用，首先需要服从艺术表现的美化原则，突出服装的观赏性，曾经有过上五色、下五色的说法，上五色为黄、红、绿、白、黑，又称正色；下五色为紫、蓝、粉红、湖色、古铜或香色，又称间色。色彩鲜明，绚丽多彩是京剧服装的一个特点。可是服装并非只是简单地出于美化作用，行头除了交代人物身份地位（如蟒袍、官衣、开氅、富贵衣、囚衣等）以外，还兼具表达褒贬态度（如对立双方中正方多用正色，反方多用间色），暗示性格特点（如黄蟒尊贵、红蟒权重、绿蟒武职、白蟒年迈、黑蟒刚毅），表现风俗习惯（如喜事用红，丧事用白）等作用。例如正色，特别是"十蟒十靠"中的正色多为正方人物使用，而间色的使用范围则相应宽泛自由。或者可以说，京剧传统行头所彰

桌围、椅帔

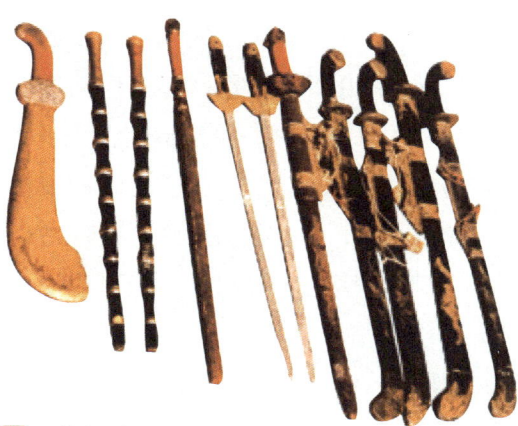

刀枪把子

显的是具有帝都特点的镂金错彩之美。

戏曲无动不舞，因此舞台上的戏衣也是舞衣，需要考虑到表演的具体要求。水袖、玉带、帽翅、翎子、髯口、水发、靠旗、大带等都有着自身的生活依据，却又无不夸张放大变形，以适应演员的表演需要。京剧擅长通过技艺表情达意，传达人物的情感和心理，行头经常起到外化情感和情绪的作用，在观众眼中翻飞的水袖、摇动的帽翅、颤动的翎子、抖动的髯口、甩起的水发、踢起的下摆……分明如诗似画，是台上人物娓娓诉说着的激情壮志，忧思苦恨。至于《斩黄袍》《打龙袍》更是通过人物的智慧，借助行头的运用，去巧妙化解难以调和的舞台矛盾。

清末戏曲演出竞争激烈，剧场争奇尚新，以适应观众变化着的欣赏口味，班社大量排演新戏，配合着以改良为时尚的社会潮流，很多不同于传统行头的新式戏衣——改良戏衣在舞台流行一时。改良戏衣在追求新颖别致（如花靴）的同时，还有力图轻便简约（如改良蟒靠）的目的。由于受到外来艺术形式的影响，新戏开始使用写实布景，行头也出现了求真写实（如粘须）的倾向。1915年由梅兰芳始创，表现古代女子的新式戏衣——古装问世。古装以古代仕女画和雕塑为参考，结合歌舞表演的需要设计、制作，为京剧表现古代女子增添了新的样式，并影响到其他戏曲剧种。也可以说，改良戏衣为京剧行头补充了淡雅清丽之美。

另外还有清装，既可以视为清代演出时装戏的行头，也可以做历史上各少数民族的通用行头。清装不是清代生活服装的照搬，清装大都是在传统行头的基础上，增加一些清代服装元素，如箭衣、马褂、朝珠等，以彰显人物的特定身份。旗装是满族女性的舞台服饰，同样适用于不同历史时期的少数民族女性。民国时期，旗袍成为时尚，京剧对旗袍有所加工改造，腰身收紧，外罩小坎肩，以趋时号召观众。旗装中的"两把头""花盆底"更是对表演提出了身段技巧的新要求。民国以后,还出现了"私房行头",即名角自制专用的行头,其色彩、样式、质料比班社共用的行头更加考究,使得京剧服装样式和色彩更为丰富多彩。

京剧"行头"在"江湖行头"四箱的基础上,发展成为六箱——大衣箱、二衣箱、三衣箱、盔头箱(也称帽儿箱)、把子箱、旗包箱,由专人负责。一般说来,凡文服蟒、帔、官衣、开氅、褶子等入大衣箱,这些进入大衣箱的戏衣共同特点是都有水袖。武服大靠、箭衣、抱衣等入二衣箱,这些戏衣都没有水袖。带水袖的龙套衣、太监衣也在二衣箱,应该是习惯沿用,也因为不属文职。靴鞋、彩裤、水衣、胖袄、腰包、护领等入三衣箱。从前,传统服装分上衣下裳,从外观直接感受,大衣箱、二衣箱中戏衣已经足够涵盖。三衣箱中除靴鞋以外,其他戏衣的功能更接近内衣或演出辅衣。巾帽、髯口、翎尾入盔头箱。刀枪把子入把子箱。旗帜、帐帔、切末入旗包箱。行头对人物形象塑造至关重要,同时制作不易,花费不菲,对班社而言,共用行头是重要的公共财产,因此对行头的看护极其精心。衣箱制度其实是程式规范的后台延伸,也是表演能够规矩严谨的前提。有条不紊的衣箱管理制度让演员的装扮光彩照人,也让人物形象深入人心。

至于宫中戏衣,较之"江湖行头"则色泽更鲜艳,质地更考究,角色的专用行头也更丰富,充分展示着富贵莫过帝王家的华贵。道光二年(1822)时,宫中和圆明园储藏的各式行头总数超过四万件,其中不乏江宁、苏州、杭州三地织造进献宫廷,而由内务府用于戏衣制作的丝绸织品。民间班社以"五色俱全"的蟒服炫耀自身经济实力的雄厚,宫中戏衣则有黄、红、绿、白、黑、紫、蓝、粉红、月白、香色、石青、酱色十二色的区别,而宫廷大戏演出发展出来的仙佛神鬼的各种装扮,所使用的各种行头更是别出心裁,花样百出,

宫装

男靠

山西清代戏衣

龙套

 帔

 女蟒

 官衣

 袄

今天我们也还可以通过升平署扮相谱对其有所了解。这些不计成本、制作华美讲究的行头，给观众带来了无限的遐想，也为后世戏曲班社的行头制作提供了借鉴参考的难得资料。

四功五法

　　京剧表演能够形成文武兼备、昆乱不挡、雅俗共赏的特点，关键在于"四功五法"的学习和训练。京剧表演的技巧性要求，需要演员通过长期不间断的，"冬练三九，夏练三伏"的艰苦学习，才能有所收获和掌握。而任何新排演的剧目所遇到的表演问题，都需要演员通过技巧性表演去解决。"四功"指唱、念、做、打，是四种演员必须掌握的技艺基础；"五法"是手、眼、身、法、步的技艺运用手段。对演员来说，"四功五法"是一辈子都要用心学习、借鉴和总结的表演技术。

　　京剧中的每个行当，每个剧目对唱、念、做、打都有不同的要求，因此功法不但是演员学艺时的必修功课，也是登台后需要苦练不辍的技术，所谓"艺不压身"指的就是"四功五法"不间断的学习和运用。唱在京剧表演中所占比重极大，唱讲究以情带声，依字行腔，字正腔圆。北京观众过去习惯把看戏称为"听戏"，很多流派都以唱闻名传世，可知唱在京剧中实在必不可少。念指说白的技巧化，讲究吐字清晰，"快而不乱，慢而不断"，还要服从锣鼓节奏，分出欢恨悲竭，戏谚有"千斤话白四两唱"的说法，足见念白的重要。做是动作的程式化、舞蹈化的具体体现，京剧服装也可以称为"舞服"，主要作用之一，就是配合表演动作，重要性不言而喻。打是武打，京剧文戏重视唱功，武戏离不开"打功"，武打是对技术要求很高的技艺性表演，对打合战，高翻低纵，两国交兵，神魔开战，舞剑耍锏，挥刀动枪，打出手乃至徒手对打的"手把子"……最能吸引初入剧场的观众，也最能满足观众看戏"过瘾"的需求。

时下有一种流行说法，把"四功"称为"唱念做舞"，理由为京剧中"武"实为"舞"，此说大概出于对京剧表演的片面理解。戏曲的特点是有言则歌，有动必舞，因此念白要上韵，动作要求富于舞蹈美——至于程式化具体到表演每个细节的京剧更是如此。"打"具有舞蹈美，但是打必须专工学习，经过"毯子功""把子功"的专门训练，各行当中的武生、武旦、武净、武丑也都有着各自的标准和剧目要求。虽然京剧中的打有着舞蹈美的追求，但是毕竟不能以舞代打，所以"打"中可以有"舞"，而"舞"则不足以涵盖"打"的内容。至于清末民初舞台上的真刀真枪，如谭鑫培《翠屏山》中的单刀，盖叫天等的《狮子楼》《十字坡》，更是武的成分远大于舞，京剧"四功"——唱、念、做、打，其实不可轻易。

手、眼、身、法、步把对表演的要求细化到身体的具体部位，所谓八形四态（富贵贫贱痴疯病醉之外形，喜怒哀惊之神态）台下一望可知，这不仅需要对生活有细致入微的观察体验，还需要有相当的艺术加工提炼，让观众产生美感。《贵妃醉酒》的醉，《金殿装疯》的疯，《打渔杀家》的怒，《徐策跑城》的喜……都不同于真实的生活状态，但是又都有坚实的生活依据，具有让观众理智上信服，情感上接受的艺术魅力。这样充满技巧性的表演，要求演员调动全身的功力，以产生强烈的剧场共鸣。"五法"中手是手势，眼是眼神，身是身段，步是步态。对法的理解不尽一致，通常认为法是其他四者运用的规矩和方法，但也有人以为法为发（京剧装扮中，假发有重要作用，旦行有专人负责梳头，生行有甩发等技艺表演）之误。程砚秋认为法为口法，演出应该顾及发声口型。手眼身步都和身体有直接关系，发或口的见解也都自有其充分的舞台实践依据。

四功五法是艺人必修的基本功，钱宝森曾经总结说："基本功就是艺人私底下练的，舞台上见不到的东西。"各种戏谚口诀就是行当表演对基本功要求的具体总结，"台上三分钟，台下十年功"说的就是表演走向形神兼备的必由之路。由此，京剧把表演完全纳入程式美的体系中，演员在提高舞台适应力的同时，还获得了把握舞台人物性格的基本特征和准确的表现方法，如《梨园原》所说："凡男女角色，既妆何等人，即当作何等人自居。喜、怒、哀、乐、离、合、悲、欢，皆须出于己衷，则能使看者触目动情，始为现身说法，可以化善惩恶。"具体到京剧四功五法的学习，则是苦练与意会的交融。例如戏谚所说"小生紧，旦角松，老生弓，花脸撑，武生在当中"，表演仅仅有形体的外在化表现还远远不够，演员想传达出人物的精气神，还需要有对心劲或内劲的把握。这其中的内在掌控的技巧，口传心授之外，就凭借"师父领进门，修行在个人"的自我感知和领悟。没有四功五法的根底，想在舞台上完成人物的外在形象表现都不可能；而缺少了四功五法的掌握和灵活运用，人物也不可能形神兼备，栩栩如生，感动观众。

试用京昆都演出的《林冲夜奔》，对"四功五法"的运用做一个简单说明：

林冲上场，首唱：

〔点绛唇〕数尽更筹，听残银漏。逃秦寇，哎呀，好教俺，有国难投。哪搭儿相求救？

他眼朝下看，疾步趱行，"数尽更筹"双手一拱，反云手亮相，到"哪搭儿相求救"时，右手拉单山膀，左手扶握剑柄。观众可以看到林冲急行中，一直用手触探，寻找安身之所。

接着念定场诗：

欲送登高千里目，愁云低锁衡阳路。
鱼书不至雁无凭，几番欲作悲秋赋。

回首西山日又斜,天涯孤客真难度。

丈夫有泪不轻弹,只因未到伤心处。

然后,自报家门:

俺,林冲。一时愤怒,持剑杀死高俅奸细二人。官府严拿甚紧,多蒙柴大官人,与俺书信一封,荐往梁山。日间不敢走路,只得黑夜而行。呀,适才间星明月朗,一霎时月暗云迷。山路崎岖,叫俺怎生行走。呀,前面黑洞洞的,想是人家村庄,待俺趱上看来。呀,我当是村庄人家,原来是座古庙。门儿半掩半开,待我挨身而进。黑夜之间,辨不出是何神圣。神圣呵,神圣。保佑弟子林冲哦!

诗中的"千里目""衡阳路""回首西山""泪不轻弹"和自报家门中的星明月朗,月暗云迷,山路崎岖,古庙庙门半掩,神像模糊难辨……都要用眼睛为动作之引导。

随着眼神的变化,观众跟随林冲来到暂时休息的地方。由于看到神像,林冲眼神由紧张、焦虑转为安静,观众也得以心情平复;睡梦中惊醒,知道追兵迫近急忙动身,这时才开始夜奔,观众也意识到此前动作只是暖身而已。

演员夜奔过程中,要唱〔新水令〕〔驻马听〕〔折桂令〕〔雁儿落带得胜令〕〔收江南〕五支曲子。林冲在感叹,从前八十万禁军教头的繁华与威风,现在身为逃犯的仓皇和凄凉,都以"身"写出。当确信已经脱险,"恰便似脱韦薜苍鹰,离笼狡兔,摘网腾蛟"时,动作是连续的扫堂腿,再连接飞脚。身体由高到低,身姿或昂扬或低沉,巧妙交代了前后处境的

沈容圃绘《同光十三绝》

强烈对比,内心生出的巨大落差,真正的表演高潮来自人物内心的痛苦煎熬。夜奔的后半段,林冲内心已经由紧张转为哀愁、愤懑和期盼,想到今后不能再见到母亲和妻子,虎目中落下英雄泪。内心的热与环境的冷似火烧又似冰冻,剧烈的感情起伏,带动全身辗转反侧,跌跌撞撞,手忙脚乱。"法"的运用,让观众看到了一个痛不欲生、穷途末路的英雄林冲;走过了"震山林声声虎啸,又听得哀哀猿叫"的崎岖山路,夜奔即将结束,步伐转为坚定,让观众看到了林冲的心理变化。天已见晓,梁山在望,"一宵儿奔走荒郊,残性命挣出一条"的林冲跨右腿、踢左腿,加快脚步。此时报仇心切的林冲全然忘记了夜奔的疲惫,"高俅啊,贼子!定把你奸臣扫"

的信心,让他顿右足,拍腰,顿左足,充满激情地跨步前行,用"跨虎蹲转"的动作,从山路转向通往梁山的前方坦途。

四功五法的全方位的训练学习,让艺人可以从外至内地完成舞台人物形象的艺术塑造,能够以美的姿态,触动真的情感,实现善的目的,这是四功五法的真正意义所在。

同光十三绝

《同光十三绝》是一幅光绪年间画师沈容圃所绘彩色剧装写真画,传说是效法乾隆年间贺世魁绘制的《京腔十三绝》所作(也有人认为是用各自单独画稿拼接而成),画长丈余,集合了同光年间十三位京剧名家。其中老生四人:程长庚饰

《群英会》鲁肃，卢胜奎饰《战北原》（一说《空城计》）诸葛亮，张胜奎饰《一捧雪》莫成，杨月楼饰《四郎探母》杨延辉；武生一人：谭鑫培饰《恶虎村》黄天霸；小生一人：徐小香饰《群英会》周瑜；旦角四人：梅巧玲饰《雁门关》萧太后，时小福饰《桑园会》罗敷，余紫云饰《彩楼配》王宝钏，朱莲芬饰昆曲《玉簪记》陈妙常；老旦一人：郝兰田饰《行路训子》康氏者；丑角两人：杨鸣玉饰昆曲《思志诚》闵天亮，刘赶三饰《探亲家》乡下妈妈。这幅画作人物各具神情，极富立体感，是京剧重要的舞台实录。朱复昌（书绅）得到后，于1943年缩小影印出版，并附所编《同光朝名伶十三绝传略》一册，"同光十三绝"由此广为人知。

　　同光时期的名角，都有文武昆乱不挡（文武昆乱不挡，指京剧文武演员的技艺全面，戏路宽广，昆曲、乱弹、文戏和武戏都能演。昆指昆曲，乱指乱弹）之能，昆曲、皮黄，文戏、武戏皆能，彼时艺人有着"必先学昆曲，后习二黄，自然字正腔圆"的认识，因此这幅画作中有昆曲剧目不足为怪。画作最明显的缺憾是行当不全，其间的黄润甫、何桂山、金秀山等净行名家没有一位能够入画。后世的各种猜测中，有一种见解认为画作中净行人物需要勾脸，难以反映其真实相貌，所以才没有净行艺人入选。既然能够有画作中人物是单幅作品集合的推测，这样的说法也算出言有据。不过大家更愿意相信现在所看到画作的真实性。虽然有所缺憾，不过想了解京剧形成初期的情况，《同光十三绝》是一份不错的入门指南，由于"同光十三绝"和同时的艺人，对京剧具开创之功，从他们的家世和传人，可以梳理出一条简单的京剧发展脉络。

　　程长庚，京剧"徽派"创始人，他"愤徽伶之依人门户，乃融昆、弋声容于皮黄中，匠心独运，遂成大观"，凭借个人非凡的艺术能力，扭转了京中素重旦色的欣赏风气。他自道光末年至咸丰年间，出任三庆班班主，"精忠庙"庙首，总管三庆、春台、四喜三班，有乱弹巨擘、老生泰斗、京剧鼻祖等称谓。他还大力割除戏班陋习，净化演出环境，被同行尊为"大老板"。杨月楼和"后三鼎甲"中人都曾得到他的提携。程长庚养子程章圃，鼓师，曾掌四箴堂（三庆班的科班，名旦陈德霖、名净钱金福都出身于此班）科班。

卢胜奎，外号"卢台子"，本是文士，因痴迷京戏而"下海"加入三庆班，深得程长庚器重。他擅演诸葛亮，有"活孔明"之誉。又精于编剧，为三庆班编写过多出本戏，其中参考宫廷大戏《鼎峙春秋》编演的连台轴子大戏《三国志》最为出名，许多单折至今流传。程长庚、徐小香、卢胜奎、杨月楼、黄润甫、钱宝峰，各以他们在此剧中的精湛表演，获得了"活鲁肃""活周瑜""活孔明""活赵云""活曹操""活张飞"的称誉。剧本的编排、结构和行当安排，都为后世留下了足资精研的范本。

张胜奎，同治年间极其出名，因为与"前三鼎甲"中张二奎同时，所以经常被后人误认为一人。他长于念白，衰派老生极佳，这在以观众听戏出名的京中格外难得。他擅演《打侄上坟》《盗宗卷》等戏，曾搭班四喜、春台、嵩祝成等著名戏班。据说《四进士》就是由他从昆曲翻为皮黄演唱，整本《彭公案》也是他在春台班时排出的。

杨月楼，年轻时以武生戏闻名，猴戏尤其突出，人称"杨猴子"。中年以后多演老生、武老生戏。杨月楼在三庆班多年，是程长庚的得力臂助，后接任三庆班班主。他叫座能力极强，在三国戏中出演的赵云人称"活赵云"；出演的《四郎探母》，时称张二奎后第一人。子杨小楼，与余叔岩、梅兰芳并称"三大贤"。

谭鑫培，入画时为武生，中年后专攻老生。他是"后三鼎甲"之一，有"伶界大王""四海一人"的盛誉。作为"谭派"创始人，他影响巨大，时人称"无腔不学谭"。他艺术创造能力极为出色，又善于广采博收，锤炼融化，《当锏卖马》经他演出，秦琼成为主角，"耍锏"被称为名贵；《搜孤救孤》经他演出，成为程婴的正戏。弟子王月芳、贾洪林、刘春喜、李鑫甫、余叔岩，自谭鑫培之父谭志道（艺名"叫天"）起算，谭家已七代从艺，堪称京剧第一世家。

徐小香，小生全才，昆乱文武样样精通，三庆班排《三国志》，他饰演的周瑜，有"活周瑜"的赞誉，有过"程长庚无小香周瑜不演《群英会》"的传说，足见其出色程度。徐小香号蝶仙，与王楞仙（专学徐小香）、陆筱芬（号薇仙，朱莲芬弟子）并称"小生三仙"，又和程长庚、胡喜禄合称"三杰"，当时流行的《戏提调歌》中有"小香到，提调笑；喜禄病，提调跳"语，可见受观众的欢迎程度。其入室弟子有"岫云堂五云"，即"多云"郑连福，"度云"董连庆，"绮云"李连喜，"若云"陈连保和其子"如云"。程章圃之子程继先亦为其弟子。

梅巧玲，精花旦，善青衣，扮相极美，中年后发福，但无损风韵，有"天子亲呼胖巧玲"的传说，掌四喜班多年，弟子众多，字以云排，如余紫云、朱霭云、姚祥云等。他主持排演过很多新戏，以八本《雁门关》中的萧太后最为有名。长子梅雨田，有"胡琴圣手"之称，演奏"刚健而未尝失之粗豪，绵密而不流于纤巧"，和孙佐臣为胡琴演奏的两大流派，影响深远，极得谭鑫培倚重，笛子、唢呐亦精。次子梅竹芬早逝，其子梅兰芳为京剧"四大名旦"之首。

时小福，曾有"第一青衣"的称誉，和罗巧福并称"两福"，搭四喜班多年，后代梅巧玲掌班。他"细步登场，俨然华贵"，做派尤其出色，变老辈手不出袖的规矩，强化了青衣的做表能力。中年后专心传艺，弟子众多，字以仙排，著名者有张云仙、张紫仙、吴菱仙、吴霭仙、陈霓仙、陈桐仙、王怡仙、江顺仙等八人，时称"八仙"。师徒均善饮嗜酒，又被人称"醉八仙",其中吴菱仙为梅兰芳蒙师。子时慧宝曾与王凤卿、余叔岩并称"青年老生三杰"。

余紫云,"前三鼎甲"中余三胜之子,幼年从梅巧玲学戏,青衣、花旦俱佳,跷功时称一绝,表演以细腻取胜,反调尤其见长。他在二本《虹霓关》中演丫鬟,唱念是青衣的路子,装扮、身段、步态、身形则是花旦,开青衣表演融入花旦特色之风,陈德霖对其表演多有借鉴,王瑶卿则张大其艺,对京剧旦行后来发展的影响颇深。子余叔岩,为老生"余派"创始人。

朱莲芬,本名延禧,起初只演昆曲,后兼演皮黄,但依然以昆曲为主。他和徐小香、杨鸣玉合作极多。《掷戟梳妆》《游园惊梦》《活捉》《思凡》《刺梁》等都冠绝一时。工书法,善绘画。弟子陈德霖。

郝兰田,原为老生,后改老旦。他吸收老旦各家之长,并将老生声调糅入旦行行腔,是京剧老旦行重要奠基人。曾搭春台班,演出的《天雷报》堪称范本。后搭四喜班,与张二奎、梅巧玲合演的《四郎探母》人称"三绝"。

杨鸣玉,幼习昆曲,文武兼长,后兼演皮黄,有"无戏不绝,无戏不妙"的盛誉,他在《活捉》中张文远的矮子步,《起布问探》中探子的"耍旗",《思凡下山》中小和尚的"耍数珠"等绝技的展示,被称为精绝。去世后有"杨三死后无苏丑"一说流传,甲午战争失败后,李鸿章代表清政府签订的《马关条约》,引起国内各界强烈不满,有人以"李二先生是汉奸"为对,更让杨鸣玉声名大振。弟子宋万泰,收徒萧长华。

刘赶三,票友出身,初学老生,后改小花脸,兼演彩旦,彩婆由他唱红,丑行地位也因此提高。由于各班争邀,曾一日连赶三场(程长庚规定不准私应堂会),同行戏称为"赶三",后竟成艺名。他演《探亲家》有真驴上台的绝艺,慈禧太后特许此驴入宫,成为民间艺人进宫演出的特例。有弟子罗寿山。

同光时期，是京剧形成并走向巅峰的时期，也是京剧快速流布形成全国性影响的大剧种时期。"同光十三绝"是当时前辈艺人协力同心，形成艺术上定向合力的缩影，这些远去身影虽然今天看来有些模糊，但是他们对京剧舞台的艺术贡献却历久弥新，他们留下的浓墨重彩在北京戏曲史中被永远铭记。

京剧群星

京剧在北京形成的过程中，大批卓有建树的宗师大家立身成名于北京，家族亲属生活在北京，学戏传艺还是在北京，自同光年间，北京成为京剧艺术家演出、习艺、外流、切磋的中心。以演员表演为中心的京剧影响日益扩大，怀揣绝技的艺人也名声日隆，他们的名字和京剧紧紧地联系在一起。

（一）前后"三鼎甲"

京剧"前三鼎甲"也称"前三杰"，道咸年间对京剧形成的奠基作用居功至伟。其中程长庚成名最晚，影响最大。杨静亭《都门杂咏》有竹枝词描述："时尚黄腔喊似雷，当年昆弋话无媒。而今特重余三胜，年少争传张二奎。"余三胜，湖北人，京剧"汉派"开创者，入京搭入春台班后即成台柱，其演唱被称为"花腔"，能够"融会徽、汉之音，加以昆、渝之调"，讲究演唱技巧，重视唱腔韵味，"其唱以西皮为最佳"，而"二黄反调亦由其创制者为多"，以行腔婉转取胜。他精于袍带靠把戏，安工、衰派亦能，演出的《四郎探母》《捉放曹》等"皆并世无两"。张二奎，北京人，本名胜奎（与"同光十三绝"中张胜奎同名），因行二，起艺名二奎。因演戏而丢官下海，曾为和春班班主，咸丰年间和净角大奎官（刘万义）共组双奎班。他的王帽戏最有名，如《打金枝》《金水桥》《回龙阁》等，演唱以京音为准，"嗓音洪亮，行腔不喜曲折而字字坚实,颠扑不破",有"奎派"之称,也称"京派",与"花腔"相对,也有人称他的演唱为"干腔",演唱以质朴取胜,对学习者天赋条件要求很高。张子玖、周春奎、许荫棠等,能传"奎派"之艺。学习张二奎最为出色的当属许荫堂,他自幼入齐化门(今朝阳门)外的粮行,后升至二掌柜。他极爱唱,每次骑驴去通州洽谈生意或了解行情,都是一路高歌,因此同行皆知。他和杨月楼等交好,曾拜师穆凤山、贾丽川等学戏,最终专学张二奎,天生一副好嗓子。因为京中商人都知道他,所以演出时台下捧场者很多,无形中增加了"奎派"在京中的气势。

和"前三鼎甲"同时的著名老生还有薛印轩,他少年进京求学,因酷爱戏曲成为"名票",最终"下海",道光二十五年就成为新兴金钰班的领班。当时有《都门杂咏》中"玩票"称赞薛印轩:"名班总仗票帮扶,全胜、新兴甚可虞。不见印轩不上座,果然子弟胜江湖。"其独有剧目《乾坤带》《烟鬼叹》都很受欢迎。王九龄,初习刀马旦,后改老生,初搭四喜班时以靠把老生见长,后在舞台磨砺下,形成合乎自身条件的唱念特色。他的表演富于书卷气,《除三害》《骂王朗》《战浦关》,《五彩舆》中的海瑞,《宫门挂带》中的李渊,"程长庚亦称独擅胜场"。"后三鼎甲"中人,都对他的表演和唱念有所借鉴。

"前三鼎甲"豪放雄壮的表演风格,让老生行在京剧中的地位无比显赫。京剧"后三鼎甲"也称"后三杰",都和程长庚有密切关系,是程长庚去世(1880)后,光绪年间老生行的标志性人物。

孙菊仙,天津人。武秀才出身,曾在清军中供职。三十六岁后进京投在程长庚门下,搭嵩祝成、三庆、四喜、天庆等班演唱,王九龄去世后(1885)接掌四喜班。《葫芦峪》《逍遥津》《扑油锅》《渑池会》等均称拿手好戏,虽然不是科班出身，但是对京剧艺术建树良多，"洪钟韵响落梁尘，三派程门一继人。七十二沽新子弟，无人不道老乡亲。"由于天津观众都叫他"老乡亲"，孙菊仙索性便以此为艺名。晚年自谓平生"三不主义"，即不留声、不照戏相、不传弟子，但是以"孙菊仙"名义灌制的唱片却不少，引来后世就唱片真伪争议不断。学习孙派的名家有双阔亭、时慧宝等。

汪桂芬，父汪年宝为春台班名武生。最初向陈兰生学青衣，因为相貌身材不适合旦角，改习老生兼老旦。满师未及搭班而嗓败，投樊景泰改习场面，二十岁出头就代师为程长庚操琴，因此对程长庚的演唱极为熟悉。清光绪六年（1880）嗓音恢复，搭春台班，"袍带戏"最为人称许，《文昭关》《让成都》等戏深得程长庚表演真谛，曾经有"长庚再世"之誉。虽然年龄比谭鑫培小十余岁，光绪中叶后却能和谭鑫培齐名，足见艺事精深。"汪派"传人有王凤卿等。

谭鑫培，艺名"小叫天"，因倒仓改演武生，曾在京东一带农村演出。不久回京入三庆班，程长庚收其为义子，并让他兼武行头目。嗓音恢复后，又开始演唱老生戏，向前辈名家程长庚、余三胜、王九龄、卢胜奎等虚心学习，但此时仍主演武戏。程长庚去世后脱离三庆班，转入四喜班与孙菊仙同班，不久即自组同春班，专演老生。谭鑫培变壮美为优美，创造了细腻婉转的新腔，自成一派，人称"谭腔"，又得王瑶卿和琴师梅雨田的辅助，有"家国兴亡谁管得，满城争说'叫天儿'"的议论，还有"演出欲求谭贝勒，请安需要那中堂"的传说。当年有打油诗一首，足能说明谭鑫培在谭迷心中的地位——三十三天天上天，玉皇头戴平天冠。平天冠上竖桅杆，鑫培站在桅杆巅。"谭派"对后世影响极大，前"四大须生"无不宗谭，私淑者更多如过江之鲫，不可胜数。一时老生行"无腔不学谭"，京剧字音也因此得到统一。1905年，位于北京琉璃厂的丰泰照相馆拍摄了中国第一部电影《定军山》，

西太后时代的内廷供奉谭鑫培

邀请"伶界大王"谭鑫培出演,中国电影拍摄事业由此起步,谭鑫培同时兼具了中国第一个电影演员的身份。

与"后三鼎甲"同时的老生名家,还有王鸿寿,艺名"三麻子",他是南方名家,以"老爷"戏著称。最早成名的"老爷"戏艺人,首推老嵩祝成班的米喜子,他以红生闻名,传说因为扮演关羽被台下误以为是关公显圣,全体观众都为之起立,以致关羽戏被禁演。程长庚对他都极为尊崇,由于去时已远,米喜子的事迹已经难以考据。王鸿寿饰演关羽,改揉红脸为勾红脸,改五绺髯为三绺髯,注重做派,以姿态美、气势佳、神威重而独树一帜,对红生行当的形成与发展所做贡献可称南北独步,有"红生鼻祖"的称谓。凡林树森、李吉来、唐韵笙、李洪春等演出"老爷"戏,莫不宗之为法。其中李洪春六岁入长春班,1918年,二十岁时经王永利介绍,拜王鸿寿为师,与李春利、周信芳、林树森成为同门。他不但继承了师门杰作,还对关羽情有独钟,将关羽戏发展到四十余出,极大地丰富了关羽的舞台形象。他演出的岳飞戏也有口皆碑。弟子有周少安、程世杰、王少楼、李万春、高盛麟、梁慧超、奚啸伯等,许多名家如傅德威、李少春、李和增、王金璐等也均对其执弟子礼。

汪笑侬,满族,肄业于国子监南学。汪笑侬在北京期间,曾入翠峰庵票房学唱京戏,还得到过孙菊仙的指点。他虽然是旗人,但是对大清专制保守的统治极为不满,自叹"满腔热血无从洒,逼得而今作下流"。光绪中叶弃官下海,成为职业演员,在上海丹桂茶园,用王清波的名字挂牌。甲午战争失败以后,变法维新思想日益高涨,在改良主义思潮影响下,汪笑侬以戏曲进行通俗教育为宗旨,编新剧,创新声,力主"手挽颓风大改良,靡音曼调变洋洋"。1911年辛亥革命后,任天津正乐育化会副会长及戏剧改良社社长。1914年返北京。1916年再赴沪演出,后以贫困在上海病逝。汪笑侬一生创作、改编、整理多种京剧剧本，如《党人碑》《桃花扇》《煤山恨》《哭祖庙》《骂王朗》《骂阎罗》《骂毛延寿》等，他编演的剧目，有感而发，多哭擅骂，情感真挚，富于时代感。他把戏曲改良的主张，通过创作、演出，进行了成功的艺术实践，自成一派，引起了社会极其强烈的反响和关注。

刘鸿声（又作鸿生、鸿升），原为票友，学净，下海后曾在同春、四喜两班为谭鑫培、孙菊仙配戏。光绪三十二年（1906）在上海改演老生，回京后在广和楼组建鸿庆社，以"三斩一探"（《斩黄袍》的赵匡胤、《斩马谡》的诸葛亮、《辕门斩子》的杨延昭和《四郎探母》的杨延辉）最为有名，他的演唱洪亮圆润，得到了大批观众的追捧，"工半声高久绕梁，字音莫论但听腔。童时对戏无知识，敲骨求金看一场"。1918年，刘鸿声继谭鑫培任北京正乐育化会会长。"刘派"的演唱对演员嗓音条件要求极高，刘鸿声又中年而逝，故临摹者虽众，传人却不多。

（二）四大须生

四大须生是京剧老生行在观众心目中能够卓然一家，技艺高出同侪的艺人合称，随着时间的推移，其具体所指也有所变化。前四大须生，指余（叔岩）、言（菊朋）、高（庆奎）、马（连良），他们最初都以"宗谭"为号召，结果却是都自成风格，为人称道，是清末民初年间，继"后三鼎甲"而起的京中老生行翘楚。

余叔岩，最初艺名"小小余三胜"，1818年用余叔岩为艺名，谭鑫培入室弟子，陈德霖女婿。祖父余三胜，父亲余紫云，一门三代三宗师，可谓梨园奇观。与杨小楼、梅兰芳成为老生、武生、旦行的代表人物，被誉为"三大贤"。曾自组胜云社，和杨小楼共组双胜社，1928年后，因健康原因极少登台。有唱片18张半存世，是后人学习"余派"的圭臬，弟子有杨宝忠、王少楼和李少春、孟小冬。

言菊朋，蒙古族，民国初年曾在蒙藏院、财政部任职，以"谭派名票"为业内人士欣赏。1924年以"言君菊朋"之名随梅兰芳赴沪，除生旦对儿戏外，还主演了谭派戏，回京后被革职，于是以艺名言菊朋下海。1939年自组春元社，与子少朋，女慧珠同台合演，人称"言家班"。"言派"传人有奚啸伯、汤志鹏和儿媳张少楼等。

高庆奎，父高士杰，同光年间名丑。幼年习老生，曾为谭鑫培配演娃娃生。变声后，在宗谭基础上博采众长，以老生戏"三斩一碰"（《斩黄袍》《斩马谡》《辕门斩子》《碰碑》）等闻名，并能演出红生戏、黑头戏、老旦戏及武生戏，时人称为"高杂拌"。1919年随梅兰芳赴日本演出，1929年组庆盛社，与郝寿臣长期合作。"高派"传人有白家麟、王斌芬、虞仲衡、范钧宏和女婿李盛藻等。

马连良，回族，八岁入富连成，排连字，名良。初习武生，十岁改演老生，1919年，以谭派老生身份开始搭班演出，20世纪20年代，已经和余叔岩、高庆奎齐名。1824年在上海和周信芳首次合作，"南麒北马"渐为人知。1930年组扶风社，还与合作者共建"新新大戏院"，1937年落成，期以为扶风社演出基地。马连良舞台活动时期较长，"后四大须生"中仍然名列其中。"马派"弟子有李慕良、王和霖、言少朋、迟金声、马长礼、张学津等。

后四大须生，指马（连良）、谭（富英）、杨（宝森）、奚（啸伯），是余、言、高、马后，20世纪三四十年代观众公认的老生行表演流派代表人物。和他们同时的老生演员，技艺精湛，艺事出众者数不胜数，这是一个京剧称雄梨园的时代，也是京剧艺术走向现代的时期。

谭富英，幼承家学，父谭小培为谭鑫培五子。十一岁入富连成，排富字，名英，十八岁出科后，拜师余叔岩，两家

《将相和》,谭富英、裘盛戎合演

三代互传技艺,成为梨园美谈。20世纪30年代初,有"新谭派"的说法流传;1935年组班,初名扶春社;1939年沿用谭鑫培同庆社之名。弟子有高宝贤、殷宝忠、孙岳、李崇善等,长子谭元寿得其亲传,能承家学。

杨宝森,祖父杨朵仙,是春台、四喜班名旦。父幼朵,由净改武生。自幼随堂兄杨宝忠学艺(杨宝忠自幼酷好音乐,常与琴师陈彦衡、孙佐臣等交往,还精于小提琴。中年以后拜锡子刚为师,正式改行操琴),十岁带艺入斌庆社,十六岁被称为"小余叔岩"。1939年自组"宝兴社"挑梁,20世纪40年代初,被公认为"四大须生"之一。后期得琴师杨宝忠、鼓师杭子和辅佐,有"三绝"之称。"杨派"弟子有金妙声、程正泰、丁存坤、汪正华、蒋慕萍、马长礼、郭少衡等。

奚啸伯,满族,幼读私塾,十一岁拜师言菊朋,1929年,在天津搭班玉成社走红,谐音乳名小白,以啸伯为艺名下海。1937年,拜李洪春为师后,自组中信社,20世纪40年代初,名列"四大须生"中,书法在京剧界亦有盛名。"奚派"弟子有欧阳中石等。

(三)壮哉英雄

武戏在民间极受欢迎,京剧大量取材于演义小说和民间传说,如"三国""水浒""西游""岳传"以及包公、施公等公案故事,武生行的发达,连带着旦、净、丑行都出现了专门的应工行当,从"四大徽班"开始,武戏就具有了和文戏分庭抗礼的能力,武生借用一句戏词形容,就是"壮哉,英雄"。无论正反面角色,都是威风凛凛。正是因为京剧对武戏的重视,才有了文武兼长的剧种评价,而京剧武戏中最为人瞩目的行当,应数武生,观众推崇的武戏文唱的表演特色,其艺术实践主要是由武生行完成的。

杨隆寿,幼从程长庚学老生,后入双奎班习武生,长靠、短打、箭衣俱精，《石秀探庄》《蜈蚣岭》《翠屏山》尤其出色，有"活石秀""活武松"之誉，同光年间和俞菊笙、姚增禄齐名，是最早成名的武生演员之一，也是最早进宫充当教习的京剧艺人之一。其"手把徒弟"茹莱卿、张淇林、董凤岩皆为武生名家。光绪八年（1882）创办小荣椿科班，收徒杨春圃（小楼）、蔡春桂（荣贵）、郭春翠（际湘）、程春德（继先）、张春斌（淇凤）、叶春善、刘春喜、郭春山等。光绪十九年（1893）创办小天仙科班，门下有谭小培、迟月亭、张增明、鲍吉祥、阎岚秋等。

俞菊笙，因脾气暴躁，绰号"俞毛包"，幼入张二奎所创忠恕堂，从"大刀"杨二喜（杨月楼之父）习武旦，后改武生，与杨玉楼（月楼）有"忠恕堂文武双璧"之称，同治末年与名旦胡喜禄接组春台班，多以武打戏演大轴，与三庆、四喜两班媲美，精于靠把戏。他在武生表演中融入武净的雄浑风格，首创勾脸武生戏，《艳阳楼》《铁笼山》等流传至今。对京剧武打戏，特别是长靠武生戏有重要的丰富和发展。弟子尚和玉、杨小楼能传其艺。子俞振庭，有"小毛包"之称，武生表演以剽悍勇猛而自成一格，和武旦"九阵风"阎岚秋的对儿戏极受欢迎，与迟月亭、范宝亭、何佩亭合称"四亭"。曾多次组班，并在北京首倡男女合班演戏。1917创办斌庆社，造就了以"斌""庆""永"排名的艺人，如徐斌喜（碧云）、孙斌恒（毓堃）、计斌蕙、毛庆来、谷永来（玉兰）等，带艺入社，借台演出的李万春、蓝月春、王少楼、刘宗杨、杨宝森等也大受裨益。

黄月山，绰号黄胖，光绪六年（1880）到北京，初搭嵩祝成班，光绪十三年（1887）与名净李连仲、武旦李燕云（小不点）加入皮黄、梆子同演的瑞胜和梆子班（后改组为宝胜和）。光绪二十一年（1895），改搭田际云创办的玉成班。黄月山在瑞胜和、宝胜和、玉成班期间，曾排演许多新戏，如《百凉楼》《贺兰山》《凤凰山》等，尤其擅长扎髯口武生戏，对丰富武戏剧目和表演有重要贡献。"黄派"传人有李吉瑞、

《长坂坡》,俞振庭(右)饰赵云

瑞德宝、马德成等。李春来，十一岁入丰台喜春台梆子科班，从谭叫天（谭鑫培之父）习武生。十七岁满师后辗转至上海，曾返京与梆子老生郭宝臣合组源顺和班，后复南归，长期在上海演出，成为南派武生宗师，与俞菊笙、黄月山鼎足而成武生三大流派，短打武生戏最为出色。"李派"传人有盖叫天、张德俊等。

杨小楼，谭鑫培义子，随谭氏子辈排名嘉训，艺名小楼。祖父杨二喜，父杨月楼，均为同光年间名艺人。二十四岁搭北京宝胜和班，以"小杨猴子"艺名贴演，在天津以《艳阳楼》诸剧轰动剧坛，进谭鑫培同庆班，声誉鹊起。他以武生挑大梁，领衔班社号召力极大，迟月亭、范宝亭、何佩亭成其辅弼，有"一楼三亭"的称谓，钱金福、王长林、迟月亭、许德义被称为班中"四大天王"。杨小楼和梅兰芳、余叔岩被公认为是京剧三大代表人物，有"武生宗师"的盛誉。"杨派"入室弟子有侯海林、延玉哲、傅德威、孙毓堃、李万春、高盛麟、李少春、王金璐、刘宗杨。

尚和玉，九岁入久和春科班习梆子武生及小生，后改京剧武生，和杨小楼同出俞菊笙门下，武生、武净兼演，以"三楼一挑"（《赵家楼》《贾家楼》《艳阳楼》《挑滑车》）名震津门。20世纪20年代，迁居北京，与尚小云、程砚秋合作，以勾脸的猛将、豪杰最为擅长，李元霸就是"尚派"剧目中最负盛名的角色。光绪末年和杨小楼、俞振庭同为京中武生翘楚，弟子有韩长宝、娄廷玉、张德发、侯永奎、傅德威、孙盛云等。

李万春，父李永利为清末武净，与李春利、刘春利、王永利合称武净"四利"。李万春六岁随父练功，七岁以"客串李"为艺名登台，在上海及周边地方演出，同时各处投师学艺，技艺日增，出"万古长春"的艺名"万春"声誉渐隆。1923年入京搭斌庆班，和蓝月春合演《战马超》，一炮走红，俞

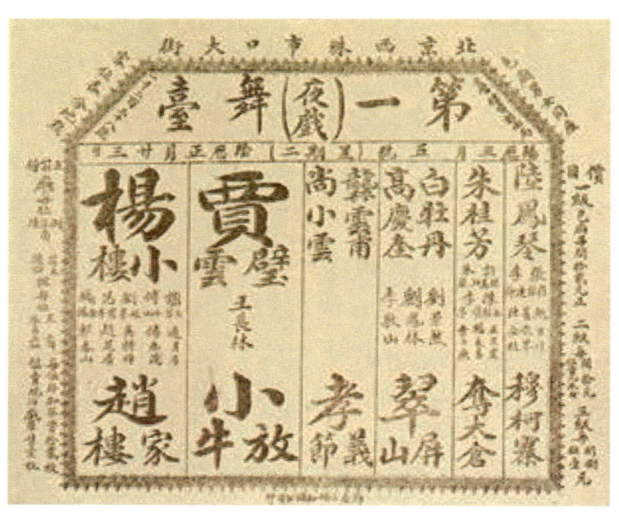
杨小楼戏单

《长坂坡》，杨小楼、钱金福合演

振庭改戏名为《两将军》，十二岁的李万春被誉为"童伶奇才"。1932年自组"永春社"，长靠、短打、红生、猴戏均出色。1938年创办鸣春社，培养出"鸣""春"两科学生200余人。

说到京剧的武戏，京剧小生行不能不说，小生行出演的人物，用《李慧娘》中的台词概括，就是"美哉，少年！"京剧早期的小生演员，大多文武兼擅。可能出于昆曲生旦并重的影响，戏曲小生行向来比较发达，"三小戏"（小生、小旦、小丑）中一般都离不开小生，因此京剧舞台小生行也是名家辈出。徽班中小生演员，传说早年间有陈金爵，事迹已不可考。道光二十五年的《都门纪略》中，有龙小生的名字，据说为程长庚的师兄弟。如今所知艺兼文武、昆乱不挡的小生，还要数京剧为最，京剧小生行能够独树一帜，徐小香功莫大焉。

王楞仙（一作桂官），有"自小香逝后，当推楞仙首屈一指"的评价。他幼年拜徐阿三（徐小香之弟，字芝仙，三庆班小生）为师，后专学徐小香，并得倾心相授。与谭鑫培合演《状元谱》，旗鼓相当，穷生自成一格。

朱素云，其师鲍福山，凡徐小香擅演剧目皆能之。朱素云文、武、小生兼长，清末民初和王瑶卿、杨小朵并称"三美"。他"善饮，工书"，演出人物书卷气不招自来。

程继先既得徐小香真传，又能吸收王楞仙、朱素云之长，他在小荣椿科班坐科，又承家学，昆曲底子极为扎实。《雅观楼》《探庄》等尤其精彩，《群英会》更见功力。他"五子"（嗓子、翎子、扇子、褶子、把子）俱佳，演戏能够"心与神会"，技与艺合，是清末民初小生行又一领军人物。其门下俞振飞、白云生、俞步兰（俞振庭之子）、叶盛兰均在小生行赫赫有名，被称为"程门四虎"。

金仲仁，本名爱新觉罗·春元，袭封奉恩将军，曾入皇族子弟才能就读的法政学堂。他自幼酷爱京剧，从茹莱卿、姚增禄等学戏，还向曹心泉学习昆曲，经常出入于皇亲贵胄活动的肃王府票房。十七岁时弃皇族身份，毅然正式下海，拜在德珺如门下，可以说是爱戏如命的绝好例子。他未下海时即与王瑶卿交好，艺术上颇得助益。他念白学王楞仙，武功也相当出色。是留香社的"四大金刚"（另为芙蓉草、张春彦、马富禄）之一，与荀慧生合作二十多年。其门下弟子以"维"字排名，有高维廉、苏维明、董维贤、王维筠等，时人称为"十三太保"。

　　姜妙香，幼从谢双寿学青衣，又从田宝琳学昆曲。十五岁时与王凤卿、许荫棠、龚云甫合组洪奎社，以青衣戏初露头角。后拜冯惠林、陆杏林为师改习小生。从 1915 年起，与梅兰芳合作达四十余年，是梅最为倚重的辅弼之一。他为人谦虚诚笃，演出全力以赴，传艺毫无保留，对小生行的表演和唱腔发展贡献良多。"离亭谁与送征鞍，胆怯心惊独去洹。惜别亲朋无一个，却教风义出伶官。"其义风德行，宛若剧中人物，赢得了"姜圣人"的美誉。"姜派"弟子有阎庆林、江世玉、徐和才、刘雪涛等。

（四）如戏人生

　　戏写人生，当然少不了女角色，只要有戏曲演出，哪怕是"两小"戏中，也会有女性角色加入。本来北京观众最欢迎旦角，清代演出"京中素重旦色"，曾经让京中观众着迷的魏长生，第一个进京的徽班班主高朗亭就都是杰出的旦角演员。由于清朝禁止京中妇女登台，北京舞台上赫赫有名的旦角艺人，有清一代都是"乾旦"出任。直到前、后"三鼎甲"时，老生行才一跃而成为观众新的追捧对象。其间京剧旦行声势虽然有所收敛，却仍然不乏名家，生旦的"对儿戏"中不乏彼此分庭抗礼的例子，旦角领班也屡见不鲜，前面提到的"同光十三绝"就是极好的证明。

　　清末民初之时，陈德霖是旦行中一位引人注目的人物。他十二岁入全福昆腔科班习艺，与钱金福等为师兄弟，工旦。

西太后时代的内廷供奉陈德霖

陈德林（霖）的进宫腰牌

该班报散后转入"四箴堂"学刀马旦,并从朱莲芬学昆曲,和陆杏林、张淇林、李成林、李寿山等同门习艺。满师后入程长庚三庆班,四十五岁搭谭鑫培同庆班,艺宗胡喜禄、时小福,兼学余紫云,有"青衣泰斗"的声誉。其门下弟子众多,王瑶卿(半师半友)、王琴侬、梅兰芳、王蕙芳、姜妙香、姚玉芙为六大弟子。

王瑶卿,父王绚云为著名昆旦。九岁由田宝琳(陈德霖之师)开蒙学青衣。十二岁拜师谢双寿,并向张芷荃、杜蝶云学青衣和刀马旦,并从钱金福学把子,打下了旦行文、武、昆、乱的全面基础。十四岁借三庆班登台首演《祭塔》崭露头角。十六岁虽因"倒仓"辍演,但经常向时小福、李紫珊(万盏灯)、陈德霖等请益。嗓音恢复重进福寿班,已入名演员之列。二十二岁时三进福寿班,青衣、刀马旦兼演,对《儿女英雄传》《雁门关》《混元盒》等本戏做革新尝试。1906年入同庆班,与谭鑫培长期合作,"汾河湾在县龙门,合演谭王有定论"。1909年,自己挑班演出,改变了生行领衔的局面,形成风格清新的"王派"艺术,时人把他同谭鑫培并称为"梨园汤武"。王瑶卿打破行当限制,改变以往旦行表演中唱、念、做、打只攻一端的旧规,兼取青衣、刀马、闺门、花旦和昆曲旦行各功之长,对唱、念、做、打都进行了新的创造,"非青衣、非花旦,卓然自成一宗",为京剧旦行艺术的发展开拓出宽广的道路。梅兰芳曾说自己是"按他的路子完成他未竟之功的"。程砚秋扬长避短,创造"程腔",是在他直接指导下完成的。王瑶卿晚年致力于课徒,弟子无数,有"通天教主"之称,"四大名旦"皆其门下,堪称桃李满天下。

阎岚秋,艺名九阵风(曾名飞来凤),工武旦、刀马旦,能演青衣、花旦,兼能反串小生。幼年在杨隆寿主持的小天仙科班坐科,曾在福寿班充当武行,得方二群传授,专演武

《四郎探母》,王瑶卿、王凤卿合演

旦。清末民初在北京搭班期间，与谭鑫培、杨小楼、俞振庭、高庆奎、尚小云、余叔岩、程砚秋等都有合作。他艺术上得岳父朱文英（艺名朱四十，曾入选升平署）传授，武功根底深厚，以开打勇猛严谨、出手迅捷著称。曾有九阵风"刮倒一杆旗，吹灭一盏灯"的评价，名震京、津、沪各地。他擅长"单指捻鞭，直立旋转""胯下掏枪、翻身亮相"等技艺，武打多有创新，表演自成一派，推进了武旦表演艺术的发展。宋德珠、李金鸿、陈金彪及其侄阎世善等都曾得到他的教益。

梅兰芳，工旦。八岁开始学戏，九岁从吴菱仙学唱青衣。1904年，十岁的梅兰芳第一次登台。1908年，搭喜连成班演出，继续就教于吴菱仙的同时，向秦稚芬和丑角胡二庚学习花旦表演。1913年，梅兰芳首次应邀到上海演出，得王凤卿提携，主演大轴戏《穆柯寨》压台，受到上海观众的赞赏。同年返京后，搭翊文社，排出第一个时装新戏《孽海波澜》。1914年秋，再次应邀赴上海演出，上座经久不衰，年底方得以回京。1919年和1924年，曾两次应邀去日本演出，均受到热烈欢迎。1929年底，梅兰芳应邀赴美国演出，受到各界热烈欢迎与高度评价。美国波莫纳学院和南加利福尼亚大学均授予梅兰芳以名誉文学博士学位。"九一八"事变后，移居上海，排演了《抗金兵》《生死恨》等剧。1935年，梅兰芳应邀去苏联演出，受到观众及文艺界的热烈欢迎和很高评价。1937年抗日战争爆发后，梅兰芳身居沦陷区，毅然蓄须明志，拒绝演出，一直坚持到抗战胜利。梅兰芳崇高的民族气节，受到全国人民的赞扬。1956年，他第三次去日本时，曾作《别富士本栖湖》："愿人心似绿波平，玉祥芙蓉倒影清。夹岸笙歌倾国出，北京唱彻唱东京。"祝愿两国友好，祈祷和平之心令人感动。在五十余年的舞台生活中，梅兰芳创造了众多优美的艺术形象，积累了大量优秀剧目，发展和提高了京剧旦角的演唱和表演艺术，形成一个具

青年时代梅兰芳便装照及剧照

有独特风格的"梅派",是京剧在国际上最具代表性的人物。

程砚秋,工青衣。满族,原名承麟,后改"承"为"程"姓。早年艺名程菊农,后更名艳秋,自1932年起,易名砚秋。他六岁拜荣蝶仙为师,初习武生,后从陈桐云习花旦,继而又从陈啸云攻青衣。十一岁开始登台,十二岁正式参加营业演出。因倒仓辍演,得罗瘿公之助,得从阎岚秋、乔蕙兰、谢昆泉、张云卿等习武把子及昆曲身段、唱法,后拜梅兰芳为师,更受教于王瑶卿。三年后重出,为高庆奎、余叔岩配演,声誉日隆。不久独立组班,在京沪杭一带演出,在不断的艺术实践和创新中,逐步形成个人的艺术风格,创立了"程派"。从20世纪30年代起,程砚秋便以擅演悲剧著称,风格独具的程腔,是程派艺术的重要组成部分。程腔缜密绵延,低回婉转,起伏跌宕,节奏多变。他所创唱腔善于从其他行当,甚至其他剧种、曲种及民间音乐中汲取营养,巧妙地融入唱腔而不露痕迹。他创造的"勾、挑、撑、冲、拨、扬、掸、甩、打、抖"十种水袖技法,可根据剧情自由组合为千变万化的舞姿,极大丰富了旦角水袖的表现力。1932年,程砚秋曾赴欧洲考察歌剧。1937年"卢沟桥事变"后北平失陷,他退出舞台,到京郊务农直到抗战胜利,其气节赢得了广泛的赞誉和尊重。学习程派并有成就的演员有:新艳秋、赵荣琛、王吟秋和李世济、李蔷华等。

尚小云,工旦。他幼入三乐科班(后改名正乐)学艺,艺名三锡,初习武生,后改正旦。因扮相酷似乃师孙怡云,改名小云,以演青衣戏为主。和白牡丹、芙蓉草并称"正乐三杰"。1914年"童伶竞选"中被评为"第一童伶",1918年被评为"童伶大王",1927年名列"四大名旦"之一,足见其根底扎实和功力深厚。他青衣、刀马、武旦和武生兼长,演唱远承时小福,近师陈德霖,以刚劲著称。京白师法王瑶卿,韵白借鉴杨小楼,又得益于王瑶卿为其设计的峭拔高亢

为程砚秋（后排左）赎身的罗瘿公（前排右）与李释勘、萧云亭合影

《锁麟囊》，程砚秋饰薛湘灵

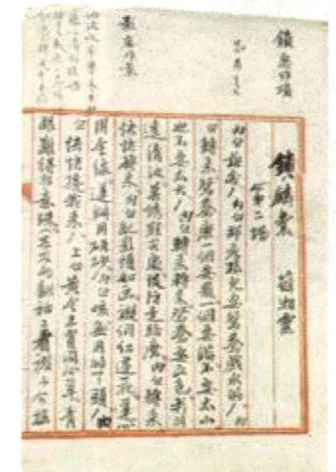

翁偶虹为程砚秋编写的《锁麟囊》剧本

的唱腔。他的做功身段寓刚健于婀娜。尚小云排演过大量新戏，还整理加工一些传统戏，塑造了一批巾帼英雄、侠女烈妇类型的艺术形象，其独树一帜的表演被称为"尚派"。他在1937年开办"荣春社"科班，培养了以"春、荣、长、喜"排名的学生两百余人，如尚长春、李甫春、徐荣奎、杨荣环、景荣庆、马长礼等。弟子有雪艳琴（黄咏霓）、赵啸澜、黄玉华、梁秀娟等，李世芳、毛世来、张君秋和谢锐青等都曾受其教益，次子尚长麟能继薪传。

荀慧生，工花旦、闺门旦。原名词，字慧声，号留香，早年艺名白牡丹，后用慧生。幼年在义顺和梆子班从庞启发（侯俊山弟子）习梆子花旦，1909年以"白牡丹"艺名在天津首演，1910年入京，得侯俊山亲授《辛安驿》《花田错》等戏。后随师入三乐社科班，与年长一岁的赵桐珊，同龄的尚小云都以能戏极多知名。后从陈桐云学京剧花旦，问艺于路三宝、吴菱仙、陈德霖、王瑶卿等，并从乔惠兰、曹心泉、李寿山等习昆曲。1917年正式改演京剧，1919年同杨小楼、谭小培、尚小云赴沪演出，"三小一白"名重一时。1925年返京，与杨小楼、余叔岩、陈德霖、梅兰芳、程继先、高庆奎等多有合作。从20世纪20年代起，他就致力于京剧革新的探索，由于功底深厚，戏路宽广，又能吸取梆子旦角之长，表演融青衣、花旦、闺门旦、刀马旦于一炉，兼收京剧小生、武生等行当的技艺，从唱腔、念白、身段到化妆服饰等各方面进行了切合自身条件的改革和创新，30年代逐渐形成风格新颖的"荀派"艺术。他和陈墨香等合作，编演过多种剧目，流行较广并体现了荀派艺术特色的作品就达三四十出，虽然其中人物形象迥异，表演要求不同，但是经他演来都能鲜活生动。学荀较突出的有童芷苓、吴素秋、刘长瑜等。

（五）四大名旦

"四大名旦"是梅（兰芳）、尚（小云）、程（砚秋）、荀（慧生）的并称，其中梅兰芳年龄居长，成名最早，影响力也最大。他比尚、荀大六岁，长程十岁，且有师生之谊。尚、荀同庚，同在1913年成立的三乐社（后改正乐社）学艺，1919年同和杨小楼、谭小培赴上海演出，"三小一白"（荀慧生艺名"白牡丹"）同时享誉沪上。"四大名旦"的称谓来源有不同说法。1927年，《顺天时报》曾举办"征集五大名伶新剧夺魁投票"活动，限定为梅、尚、程、荀、徐（碧云）所演新剧。《戏剧月刊》曾发起"四大名旦"征文活动，1931年刊出"四大名旦"诸多项目统计表。今天看来"四大名旦"的称谓实出于社会公认，而非举办活动所评选，其时，他们已经成为旦行领军人物，而其艺术影响力一直延续到今天。"通天教主"王瑶卿于四大名旦曾有一字评：梅兰芳的"样"，尚小云的"棒"，程砚秋的"唱"，荀慧生的"浪"。虽然他们上演的剧目不计其数，偏偏留给一般观众的印象则是梅兰芳出场就是名门闺秀，程砚秋登台就是苦难妇女，尚小云上台就是巾帼英雄，荀慧生露面就是活泼少女。这样的印象形成和流派剧目关系莫大，也和他们选择的表演特色有直接关系，王瑶卿的评价可谓精到。

20世纪20年代，"四大名旦"相继组班，虽然他们表演各有千秋，各有所长，各有自己狂热的拥趸，但是一般观众很乐于把他们放在一起比较。自组班社后，他们依然互敬互重地良性艺术竞争，使舞台新戏迭出，生气勃勃。梅兰芳的承华社、尚小云的重庆社、程砚秋的留声社、荀慧生的留香社都各有能够根据自己表演特长而编创剧本的编剧，各自的代表剧目也因此层出不穷。如观众喜闻乐道的"四妃"（梅《贵妃醉酒》、尚《汉明妃》、程《梅妃》、荀《鱼藻宫》之戚妃），"四剑"（梅《宇宙锋》、尚《峨嵋剑》、程《青

1949年"四大名旦"合影

《五花洞》,王幼卿、于连泉、尚小云、梅兰芳、程砚秋、荀慧生(从左至右)分饰真假潘金莲

霜剑》、荀《鸳鸯剑》），"四红"（梅《红线盗盒》、尚《盗红绡》、程《红拂传》、荀《红娘》）。凭借着强大的艺术表现力，"四大名旦"使旦行重新和生行交相辉映，他们以后旦角演员挑班主演成为京中梨园的寻常事。

与"四大名旦"同期的旦行名家也有很多，其中筱翠花、徐碧云、朱琴心、黄桂秋都自成一家，"翠碧朱黄"各有代表剧目，也不乏观众支持，同样大有名气。

筱翠花（于连泉）八岁入"老水仙花"郭际湘所办鸣盛和科班，以"十岁旦"名义出台，以"小牡丹花"艺名走红，十三岁转入富连成深造，排名连泉。由于救场演出《三疑计》中的角色翠花而令人称奇，总教习萧长华特意给他起了"筱翠花"的艺名，一时与尚小云、芙蓉草、白牡丹并称"四秀"。1928年自组永和社，与"四大名旦"齐名，是当时花旦行声名最著者。

徐碧云的祖父徐承翰，为咸同年间昆曲名小生，名丑萧长华蒙师。父徐宝芳，为徐小香弟子。他幼习武生，1916年，十三岁时入斌庆社改习武旦，后由萧长华建议，从吴彩霞习花旦、花衫，兼演文武小生。1925年得瑞蚨祥大力支持，组班玉华社，连续推出《绿珠》等名剧，时有"五大名旦"之论。

朱琴心，幼嗜京剧，青衣、花旦皆其所长。十七岁到北京谋职，票房一演即红。拜师陈德霖，并从田桂凤学艺，1923年下海，他擅演能编，《陈圆圆》《无双》等拿手戏极受欢迎。因舞台事故损容，20世纪30年代以后演出渐少。

黄桂秋，酷爱京剧，1924年中学毕业后，在京、津票房为行家所重。1927年正式下海，拜师陈德霖，以《春秋配》《别宫祭江》等为人称道，著名言情小说《秋海棠》中就隐有他的事迹。后移居江南，有"青衣首席""江南第一旦"之称。

赵桐珊，工青衣、花旦。名久林（一作九龄），字桐珊，号醉秋,艺名芙蓉草。九岁在京学习梆子青衣,十岁在"民乐园"首演,十二岁带艺入北京三乐社科班,学梆子花旦,艺宗崔灵芝,与尚小云、荀慧生合称"正乐三杰"。十五岁改演京剧。他能戏极多,老生、花脸亦曾学习,有"能派"的称谓。1918年在北京搭春庆、福庆各班,以《辛安驿》《花田错》演大轴;在上海以演出连台戏《女侠红蝴蝶》成名,与周信芳、王鸿寿合作都深得赞誉。1919年,十八岁时随梅兰芳首次赴日本演出,又在欧阳予倩主持的南通伶工学社任教。后回京拜师王瑶卿,并得田桂凤指教,演技日臻精熟。他演戏以刻画人物细腻入微,小中见大取胜,在台上与人合作,动作举止恰到好处,是辅助荀慧生的"四大金刚"之一。1936年定居上海,专为名家配戏,与南北京剧名家多有合作,是出名的"硬里子"旦角。

继"四大名旦"而起的是"四小名旦"。1940年《立言报》发起"童伶主席"选举,限定由"富连成"科班和中华戏曲专科学校学生入围参选,张君秋因此无法参加选举。最终李世芳当选"童伶主席",引发出其后四人——宋德珠、毛世来、侯玉兰、白玉薇合称"四小名旦"的建议,但未得公众认同。于是《立言报》商请当时舆论中呼声最高的李世芳、张君秋、毛世来、宋德珠,在新新大戏院合演《白蛇传》,李世芳演出《产子合钵》、张君秋演出《祭塔》、毛世来演出《断桥》、宋德珠演出《水漫金山》,均为自己的拿手好戏,此后"四小名旦"成为社会一致认可的称谓。

1946年,二十七岁的李世芳空难离世,次年《纪事报》进行了新"四小名旦"的票选活动,最终张君秋、毛世来、陈永玲、许翰英胜出。可是这次新的四小名旦的选举,没能在社会中打响,直到今天,一提及"四小名旦",依然专指李、张、毛、宋四人。可见观众的口碑才是艺人最值得珍重和自豪的。

京剧老旦出演老年女性,既有沧桑阅尽的稳重、儿女情长的慈祥，也有面对巨变的从容，还有老态龙钟的迟缓，是舞台令人难忘的角色。郝兰田之后，以龚云甫影响最大。

龚云甫，早年为玉器行学徒，1892年拜孙菊仙为师，改搭四喜班，从熊连喜学老旦，此后专工老旦，能以老旦戏唱大轴，代表剧目有《钓金龟》《行路训子》《徐母骂曹》等，对后世影响极大，有"老旦泰斗"的称誉，也是老旦挂头牌的第一人。李多奎得其传授，文亮臣、卧云居士等能宗其艺。

李多奎，名万选，字子青，曾名多魁。父李宝珍为著名梆子鼓师。他八岁入庆寿和科班，十一岁登台唱梆子老生。十二岁入三乐科班改皮黄老生，与贾多才、姚多山、王多寿等同门。十七岁变声，拜师程春禄改学胡琴。1924年，二十六岁时嗓音恢复，拜罗福山为师，改演老旦，又得龚云甫传授。龚云甫谢绝舞台后，得龚之琴师陆延庭辅佐，为其说腔谈戏，艺事大进。1929年随程砚秋到上海演出，大获观众欢迎。1932年程砚秋赴欧洲考察，他改搭高庆奎的庆盛社；1934年高庆奎辍演后，搭尚小云重庆社；1937年搭金少山松竹社，合作演出都堪称"金喉铁嗓"，轰动一时。他被同行尊为"李多爷"，是近数十年来影响最大的京剧老旦演员。李盛泉、李鸣岩、李金泉等皆宗法之。

（六）人如其面

净行以演出性格人物著称，是"参军戏"时代就有的角色，也是面敷粉墨，最能吸引观众注意力的舞台形象。净行最突出的特点就是在面部勾画脸谱，所以"大花脸"成为净行人物的代称。脸谱的重要作用之一，就是为了让台下观其貌而知其人，因此脸谱不只是简单的面部化妆。戏曲脸谱有着寓褒贬、别善恶的传统，脸谱要能反映出对人物的爱憎。在强调人物的性格特征的同时，还要谱有所本或所据，红脸的关羽、白脸的曹操、黑脸的包公都有着自身坚实的民间情感和认识的积淀基础，项羽的哭，张飞的笑，包拯的愁所具有的夸张、变形、写意手法，却能折射出京剧艺人在创造脸谱时的艺术想象和升华，也具体反映了脸谱是舞台上下情感相通的具体体现。《桃花扇·骂筵》就借净扮的马士英和末扮的杨文骢一段对话，道出了脸谱中春秋笔法的真谛，"（净）那戏场粉笔，最是利害，一抹上脸，再洗不掉。虽有孝子慈孙，都不肯认作祖父的。（末）虽然利害，却也公道。"虽然很多历史悠久的地方剧种都有各自的系列脸谱样式，但是以丰富、美观、细致和创造力而言，应当首推京剧。京剧出色的净行艺人也都善于勾脸。

净行艺人在"同光十三绝"时期有何桂山，人称"何九"，精于"铜锤"，架子花脸亦擅长。他在三庆班中与程长庚互为衬托，合演《龙虎斗》"屋瓦皆为之震"。他曾被誉为"昆净第一"，《山门》《嫁妹》《火判》有口皆碑。其弟子刘永春、金秀山、裘桂仙等皆自成一家。钱宝峰和程长庚、杨月楼前后配合默契，有"活张飞"之称。徐宝成擅长勾脸，武净自成一格，大有名气。穆凤山"黑头"出众，能以《铡判官》演大轴子。其时以票友身份享名的名净也不少，黄润甫，旗人，又称黄三，"架子花"极其出色，程长庚三庆班排演《三国志》时，他出任曹操一角，身段功架样样出色，有"活曹操"之名，以后的"净行三杰"都受其影响。庆春圃又称庆四，和黄润甫同为旗人，又同样票友出身，"黄三庆四"经常被并称。他专工铜锤花脸，先搭春台，后搭四喜，与王九龄合作最多。金秀山宗何桂山，与谭鑫培多有合作，以铜锤花脸最为著名。钱金福，满族，工武花脸，兼架子花脸。他初学武生，后改武净，是四箴堂出身的高才。出科后入三庆班，后搭春台班、玉成班，1904年，和王瑶卿等入选升平署外学。民国初年搭同庆班，和谭鑫培、杨小楼长期合作。他精"把子"，擅勾脸，精通身段口诀谱，对所演出的人物多有创造，《火判》《嫁妹》《芦花荡》等都称独步，以武花脸表演自成一派。这些名家都堪称京剧净行的开创者和奠基人。

清末民初，"净行三杰"郝寿臣、侯喜瑞、金少山呈鼎足之势，至今影响不衰。郝寿臣，七岁习铜锤花脸，登台即演出全部《锁五龙》，"小奎禄"的艺名不胫而走。1900年满师，"倒仓"又遭遇"庚子之变"，到德国使馆当杂役五年，掌握了德、俄日常用语。嗓音恢复后搭班三闯关东，回京习文练武，钻研昆曲，他唱工私淑金秀山，做功私淑黄润甫，熔铜锤、架子花脸于一炉，以架子花脸铜锤唱的风格，卓然自成一家，得谭鑫培、刘鸿声、田际云等赏识。到1916年金秀山、黄润甫相继谢世，李连仲难得出演时，以功架稳，韵味厚，气魄大著称的"郝派"已经获得观众一致认可。他阔面、细目、修眉、轻施纹理的曹操脸谱，螳螂眉、和尚眼、粉红双颊的鲁智深脸谱，都成为舞台经典，《郝寿臣脸谱集》是后进学习效法的范例。弟子袁世海，得"郝派"真传。樊效臣、王永昌、李幼春、周和桐、王玉让等，亦有"郝派"风范。金少山，六岁即随其父金秀山学艺，兼学何桂山。因其父常与黄润甫同班，做表亦受熏染。后因变声期长，还曾学诙谐戏。正式拜师则是小生德珺如，因而戏路极宽。1921年到上海演出，以铜锤兼演架子花脸，突破了二者严格分工的界限，因擅长"黑头"（包公戏），所以和擅演曹操的郝寿臣并称"黑金白郝"。曾与梅兰芳合演《霸王别姬》，又有"金霸王"之誉。1937年返京，与周瑞安合演《连环套》，与李多奎合演《遇后·龙袍》而名震京师，自组松竹社，开花脸挑班之先例，率班各地演出，得"十全大净"的美称。晚境凄凉，1948年贫病而死。侯喜瑞，九岁入富连成，排名喜瑞，是富连成最早的弟子之一，也是富连成最早被北京观众认可的净角。他初学秦腔老生，兼习小花脸，后归工架子花脸，十六岁出科时，因"倒仓"留在科班执教七年，得萧长华引荐，拜黄润甫为师，最终在汲取"黄派"精髓基础上，以"侯派"艺

《野猪林》,郝寿臣饰鲁智深

《盗御马》,侯喜瑞饰窦尔敦

术与郝寿臣、金少山并称"南金北郝老侯爷",成为净行代表人物。他和郝寿臣合演《真假李逵》有"二绝"之称,和同为回族的马连良、雪艳琴有"回族三杰"之誉。还有"活曹操""活张飞"等美称,足见影响之大。

20世纪三四十年代,裘盛戎、王泉奎、袁世海成为京中净行新的代表。

裘盛戎,父名净裘桂仙,以演铜锤花脸著称。裘盛戎自幼从父学艺,1927年带艺入富连成,1934年出科。1947年自组"戎社"挑班,以花脸演大轴,成为金少山以后的又一人。如今有"十净九裘"的说法,可见"裘派"当今在净行中的地位。

王泉奎,幼年丧父,由于嗓音出众,得人指点,十六岁拜师长春科班(陆华云创办,学生有李洪春、张春彦、刘春利等)出身的张春芳为师,专工铜锤花脸。1929年搭班杨小楼"永胜社",此后与谭富英、马连良、杨宝森等多有合作,声誉日隆。

袁世海,1928年入富连成,初学老生,排名盛钟。后萧长华让他改工架子花脸,艺名世海。1935年,十九岁时出科,先后在尚小云的重庆社,李盛藻的文杏社搭班。1940年拜师郝寿臣,成为"郝派"主要继承人。

(七)丑而不丑

丑行有药中甘草之说,意思是丑角很难成为主角,但所有的戏又离不开它。戏曲讲究团圆之趣,重视中和之美,悲剧需要丑角调节气氛,正剧需要丑角平添趣味,喜剧、闹剧更少不得玩笑式的插科打诨,"舞盘弄钵各分曹,科诨登场又一遭。谁识参军打苍鹘,座中喝彩忽声高"。善能令人发谑的丑行表演更易博得观众的笑声和掌声。参军和苍鹘是最早出现的戏曲角色,参军戏由一个优人穿上官服扮成参军,让另外的艺人对这个角色讥讽戏弄,戏弄他的艺人被称为苍鹘,参军戏在晚唐时就已有了相当的表演积累,到宋杂剧时参军变成了"副净",苍鹘变成了"副末",在"五花爨弄"的表演中占有重要地位。丑行可以说一直伴随着戏曲的形成和发展。京剧中相对净行演员扮演人物需要勾画整张脸谱,丑行演员又称"小花脸",勾画脸谱只用白粉在鼻梁眼窝间,比较净行而言属面部局部化妆。由于擅唱的铜锤花脸称为"大花脸",擅做的架子花脸(武净以把子、摔打见长,又称"武二花"),丑行也被称为"三花脸"。

在"同光十三绝"时,黄三雄(又作黄三熊)文丑出众,擅与花旦合演玩笑戏,京白脆亮,诙谐风趣,与杨鸣玉、刘赶三鼎足而立。清末民初的名丑很多,王长林,幼入胜春奎科班,曾学武净,后专攻丑角,曾拜师杨鸣玉。文武兼长,"开口跳"的戏,无所不能。和谭鑫培、杨小楼合作多年,表演"内凉外热,简中见繁",武戏尤为出众。《偷鸡》《盗甲》《盗钩》《盗戟》《盗杯》等誉满京中。弟子有叶盛章、萧盛萱。子福山能继家学,文武兼演,以武戏居多。罗寿山,父名旦罗巧福,因乳名百岁,又被称为罗百岁。幼入德春堂,先学老生,后改文丑,曾拜刘赶三为师。先后搭四喜、三庆、玉成、同庆各班。能以常语出机趣,善用微词讥讽时事,常为杨桂云、汪桂芬、王楞仙、谭鑫培、田桂凤配戏。《青石山》的王老道、《连升三级》的店家、《乌龙院》的张文远、《清风亭》的贺氏等,都有他的艺术创造。

萧长华,父名丑萧和庄,十一岁投徐文波(承瀚)门下,曾学老生、老旦和丑。十二岁在三庆班出台演娃娃生,十三岁在四喜班借台练戏演老生,十八岁拜杨鸣玉高足宋万泰为师,专工文丑,以冷隽幽默取胜,善唱工,尤工韵白。散白中,又以苏白见长。为谭鑫培、王楞仙、黄润甫、刘鸿声、王瑶卿、杨小楼、龚云甫等配戏,铺垫衬托,极为得体。1922年后,长期与梅兰芳合作,对近现代京剧丑行表演影响至深。1904年,二十七岁的萧长华入喜连成(后改

《女起解》，萧长华与梅兰芳合演

富连成）科班，任总教习三十六年，主教丑行外，也教生、旦、净各行，提携教授各行当人才无数。他整理排演了《五彩舆》《得意缘》《南界关》《四进士》等一批传统剧目，其中连台本戏《三国志》最为人赞许，堪称"艺能已是醇如酒，桃李如今密似云"。传人有马富禄、茹富蕙、孙盛武等，子盛萱亦能传其艺。

叶盛章，工武丑。富连成科班创始人叶春善第三子。七岁入朱幼芬所办福清社学戏，习武生，兼习架子花脸。三年后转入富连成科班，习文武丑，从萧长华、沈文成、郭春山、王连平等学艺，并向曹心泉学昆曲。后拜王福山为师，武丑戏尽得王福山之父王长林的真传，文丑戏又得到萧长华的悉心栽培，后由萧长华认定是"开口跳"的难得苗子，专工武丑。他在《酒丐》《雁翎甲》《盗银壶》等剧中，不但有许多独到的表演创造和惊人的技艺展示，还能按照剧情的发展，将人物各个层次的心理交代得清楚明白。1943年，二十四岁时自组金升社，由此成为京剧史上以武丑挑大梁的唯一一人。

（八）票友不凡

清末民初，北京还活跃着一支钻研、演出京剧的重要力量——票友，他们对京剧艺术的贡献同样不容忽视。票友指非职业演员，他们活动、演出的场所也被称为票房。清代严禁旗人从事表演活动，据说乾隆年间八旗军营中流行演唱"岔曲"，也叫"得胜歌"，有鼓舞士气的作用，因此乾隆皇帝特别谕准八旗子弟演唱，并发"龙票"作为证据，因此持"龙票"演出而不收取报酬的演唱者被称为票友。"八旗子弟气轩昂，歌唱从军号票房。大小金川争战地，不教征戍尽思乡。"乾隆年间的"大小金川之战"，虽然是乾隆的"十大武功"之一，可是前后七年劳师费饷，损兵折将的征战，对清军士气伤害极大。好面子的乾隆派八旗子弟赴军营，采用歌唱方式提振士气是有可能的。或者可以说，票友的身份，变成了以后旗人演出的护身符。票友一词也逐渐变成了非职业演员的代称。

清末北京的票房和票友，主要和京剧有关，旗人对京剧的痴迷到了令人咋舌的程度，以致出现过"差官侍卫排班立，伺候王爷好扮妆"的场面。清末京剧票友的成分构成很复杂，既有皇亲贵胄、军政要员，也有富商巨贾、世家名媛，还有文人墨客、教师职员……可谓五花八门，无所不包。票友多，票房自然也多，清末民初的北京，票房林立，家吟户咏，这是京剧扎根京城，融入民间、民俗生活的厚实沃土，也是当时北京独特的民间风情。票友虽然都酷爱京剧艺术，但是痴迷的程度不同，对票房演出的要求也不尽相同。有些票友纯粹出于兴趣，只要能唱即可，他们会选择清音票房，以唱会友，其乐融融，"场面"伴奏也可以由票友充当。有些票友造诣较深，已经不能满足于清唱，手眼身法步都要有所展示，他们会加入走场票房，一展所学。没有花钱请来的专业"鼓佬"和琴师，伴奏只能临场添乱。至于戏瘾更大的票友，则要求粉墨登场，如艺人演出一般，只有去彩唱票房才能达到目的。这里的票友大概都曾访师寻友，与梨园界交往密切，学戏下过一番苦功，具有登台的能力，他们在票房不但可以互相交流，还能够向在场的专业"场面"和艺人请益。

北京的票房，大兴于同治以后。此时正值京剧称雄京城，各行当名家辈出，名剧演出络绎不绝的时期，票房成为密切观演关系，让京剧进入京中风俗活动的重要基地。票房规模不一，少者十数人，多者上百人，虽然同为票友，却是人以群分。因为票房不胜枚举，只能择其要简单介绍不同时期影响较大的几例。

同治初年的三箫一韵票房是早期较有名的票房；赏心乐事票房成立于同治末年，因地址在西直门内盘儿胡同翠峰庵，又称翠峰庵票房，由载砚宾创办，安敬之（初习刀马旦，后改老生）和德珺如曾先后主持，经常彩唱，这里走出过庆春圃、大奎官、穆凤山、德珺如、金仲仁、许荫棠、刘鸿声、龚云甫、恒乐亭、载阔亭等人，在京中票界极有影响；和声园票房，位于西四口袋胡同，何佩华、金鹤年、卧云居士等曾在此活动；风流赏月票房，位于西城区蒋养房，金秀山等曾为此处票友，票房活动达三十年以上；公余同乐票房成立于太平仓，由敏斋主人（工老生）、集乐主人（工花脸）创办；韩季长票房，创办人韩季长（工小生）为理藩院书吏，该票房又有"韩票"之称，兵部书吏陈子芳（工青衣，学余紫云）等在此活动。陈子芳曾将昆曲《洞庭缘》翻成皮黄，取名《富贵神仙》，是堂会演出中大受欢迎的剧目，该票房曾名盛一时；肃王府票房，由清肃亲王善耆创办，善耆工老生，常在宫内演出。宗室贵胄载洵、载涛、溥侗等经常出入其中，民国后才自行解散；春阳友会票房，创办于1914年，地址在东晓市大街的浙慈会馆。创办人是在票界鼓师中有"南樊北胡（子均）"之称的樊棣生，他原习老生，并擅长京胡，后从耿俊峰习打鼓。该票房规模设施，一如正式班社。以曾赐紫禁城走马的李经畲为名誉会长，特邀钱金福、姚增禄、鲍吉祥、王荣山等授艺和指导排练。陈德霖、王瑶卿、梅兰芳、姜妙香、姚玉芙等都以会员身份参加活动。红豆馆主、卧云居士、郭众衡、言菊朋、包丹庭、朱琴心、蒋君稼等也都在此活动。可称文武行当齐全，"场面"高手会聚，即使大戏演出也足能应付裕如，是当时京中最出名的票房，造就出很多京剧人才，1918年停止活动；熙春社，曾在正乙祠活动七年之久，章小山、包丹庭、陈墨香等曾在此活动；言乐社，1918年由袁世凯次子袁寒云（工小生）和红豆馆主创办，侧重对京剧的研究讨论，陈德霖、钱金福、王长林、余叔岩、言菊朋、包丹庭、朱琴心、载涛等曾在此活动，俞平伯、叶仰曦、翁偶虹等也加入其中。由于名演员和曾经是春阳友会名票的加入，因此在京中影响很大。戏瘾最大的莫过于把兴趣变成职业，下海成为艺人的票友。这其中不乏出于痴迷，最终下海成为当红名角，甚至开宗立派的名票。如老生行的张二奎、卢胜奎、孙菊仙、刘景然、许荫堂、汪笑侬、刘鸿声，小生行的德珺如、金仲仁，旦行的朱琴心、黄桂云，老旦行的龚云甫、文亮臣，净行的黄润甫、庆春圃、金秀山，丑行的刘赶三、傅小山等，就都是票友下海而得享盛名的例子。

也有没有下海，成就却为梨园中人钦佩的票友。如今对于京剧票友有些误解，认为票友迷恋京剧只是出于爱好，真实艺术能力难以和坐科出身的艺人比较。事实上清末民初的北京票友，可能"四功五法"的根基不如艺人，特别是需要幼功的武技。但是天赋未必不佳，学戏的认真程度还远超过一般艺人，而且不受行内规矩限制，能得名师倾囊相赠。他们的会戏可能不如职业艺人，但是能戏之精彩，却敢说技压

袁世凯的次子袁克文（号寒云）

内行。票友大多具有相当的文化底子，结交广泛又多识多见，他们有足够的经济实力去不计成本地学戏，可以择善而从；又甘愿勤学苦练，只求达到个人的艺术追求，且从无养家糊口的演出压力。专心致志的学习和深究，使其对京剧的艺术贡献可能还超过一般的职业演员。

清代乃至民国，社会上有艺人为贱业的普遍看法。票友为不自降身份，灌制唱片需有"先生"题名；彩唱时姓氏后需加"处"字，以示不同于艺人。至于红豆馆主、卧云居士等，更是不肯以真名示人。

周子衡，原为金店老板，同光间以学程长庚出名，学程几能乱真，程长庚都给予首肯，汪桂芬、王凤卿等曾向其请教。孙春山，人称"孙十爷"，曾在兵部车驾司任职。他精通音律，艺宗胡喜禄、陈宝云，并得其认可，是光绪年间的青衣名票，

名票红豆馆主

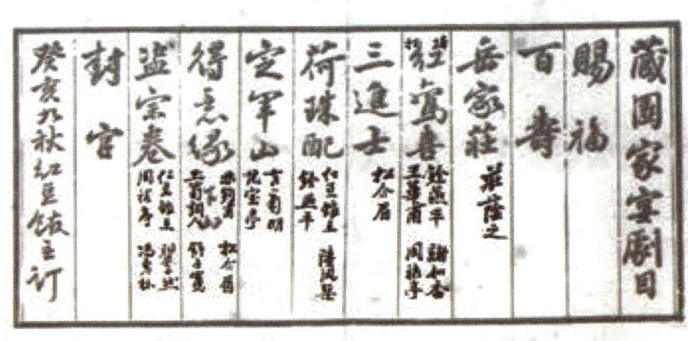

红豆馆主家宴票戏戏单

余紫云、陈德霖曾受其教益。包丹庭，京昆文武小生票友。他从王福寿学戏，并向侯俊山问艺，在《白蛇传》"水斗·断桥"中，能出演白蛇、青蛇、许仙、法海、小和尚及神将、水族各角，许仙尤其出色，梅兰芳、尚小云、雪艳琴、叶盛兰等曾向其请教。红豆馆主，京昆票友，满族，姓爱新觉罗，名溥侗，字后斋，一作厚斋，号西园，光绪七年封镇国将军，光绪三十三年加辅国公衔，人称"侗五爷"。他精通古典文学，精于文物鉴赏，善书画。学戏遍访名师，与谭鑫培、王楞仙、黄润甫交好，向陈德霖、李顺亭、罗百岁、梅雨田等问艺，京昆文武各行的演唱和伴奏无所不能，《群英会》能演周瑜、鲁肃、曹操、黄盖、蒋干，有"票界大王"之称，余叔岩、言菊朋、李万春、奚啸伯曾向其请益。载涛，武生票友，号野云，为溥仪胞叔。他长靠、短打皆能，猴戏尤精，武功扎实，《安天会》和杨小楼一师所传，内行无不称道。夏山楼主，本名韩慎先，字德寿，开古玩店，曾向陈彦衡学戏，精研"谭派"唱腔。他的《法场换子》《桑园寄子》《辕门斩子》最为拿手，曾和余叔岩互相传授唱腔唱法。张伯驹，别署冻云楼主，"余派"老生名票，和余叔岩往来密切，还向钱宝森、王福山习武功。1937年，他四十岁生日时，由杨小楼、余叔岩、程继先、王凤卿、钱宝森等为其傍演《失空斩》，是票界罕见的盛事。此外，艺宗龚云甫的卧云居士，有"假王瑶卿"之称的章小山，曾被誉为"票界旦角祭酒"的蒋君稼等人，同样值得北京剧史长久记忆。

（九）坤伶登场

清代，北京严禁女子演戏。自有戏曲以来，女伶从未在舞台绝迹，但清王朝禁令一出，北京戏曲舞台再没有了女艺人的立足之地。荒唐的是不许女伶登台的禁令只是专门针对北京戏曲舞台。于是北京的女伶如果有演出的能力，只能远走他乡。魏程博所作《清宫词》中，有过"南内无人奏管弦，钿车深夜送非烟。金钗粉盏珍珠串，更赐长生寿万年"句，其注释云："高宗得女伶昭容于清江，召入侍。以钿车锦幰送回扬州，赐玉如意、粉盏、金瓶、绿玉簪、赤瑛、玉杯、珠串各珍物。非烟，唐妓女。"康熙不但能够在京城以外观看女伶演戏，还可以将女伶带回宫中，大手笔赏赐。虽然没人敢于犯上直谏皇帝自坏规矩，却难免被当作天子的风流韵事，记录在知情人的诗词中，这也成为清代北京没有女伶演出的侧面印证。

　　直到民国时期，女演员才又重新出现在北京戏曲舞台。1912年，俞振庭邀天津女伶来京，首开男女合演先例。但随后就出现了男女不得同演，"坤角与坤角配出"的民国舞台管理规则。1916年，著名河北梆子艺人"想九霄"（田际云）首创女科班崇雅社，招收女学生五十七人，兼授京剧、梆子，为北京培养出一批京剧各行当女演员。1919年崇雅社报散后，金少梅、福芝芳等以崇雅社名义，继续在城南游艺园演出。1931年，俞振庭特邀雪艳琴、雪艳舫姐妹搭斌庆社，演出轰动一时，男女合演成为京中的舞台常态。而戏园子"楼上堂客，楼下官客"的男女分坐规定才烟消云散。

　　京城中女伶演戏，易顺鼎所作《天桥曲》中有记录："天桥数十弓地，而男戏园二，女戏园三。落子馆又三，女落子馆又三。戏资三枚，茶资仅二枚。园馆以席棚为之……自前清以来，京师穷民，生计日艰，游民亦日众。贫人鬻技营业之场，为富人所不至。而贫人鬻技营业以得者，仍皆贫人之财。余既睹惊鸿，复睹哀鸿，然惊鸿皆哀鸿也。"天桥与前门大栅栏虽然相邻，可是戏曲演出状况截然不同，早期女伶难以被名伶占据的正式演出场所接受，天桥的茶园成了她们共同的选择。"酒旗戏鼓天桥市，多少游人不忆家"，低廉的票价是吸引观众的最好方式，在好奇心的驱使下，抱着看热闹、找乐子的心理，热衷戏曲欣赏的北京观众，即使是家境贫寒的穷人，也纷至沓来。"燕歌歌舞两高台，更有茶园数处开。何处秋多人转少，却寻乐子馆中来。"清代京城中不许开设剧场，民国初期的剧场不接受女艺人演出，种种限制反映出早期京剧女演员舞台生涯的艰辛。

北京最早的京剧女演员，首推恩晓峰。她是满族正黄旗人，1887年生于北京，自幼痴迷"谭腔"，随父出入清音票房，本工以外，能演武生、净角、丑角戏。十六岁正式下海，以"谭派"老生身份加入天津"凤鸣社"，被誉为"女叫天"。1910年，因为嗓音变化，改为汪（笑侬）派老生，名震沪江。1912年，北京允许男女合班后，回京首演于广德楼，她的演艺故事堪比舞台传奇。

1930年，天津《北洋画报》发起"四大女伶皇后"选举活动，为京剧女艺人登台公演推波助澜，最终胡碧兰、孟丽君、雪艳琴、章遏云胜出，而新艳秋、金碧莲、杨菊秋、金友琴等也多次成为票选对象。由此"四大皇后"（又称"四大坤伶"）成为北京最早成名的一批京剧女演员。这其中以"回族三杰"中的雪艳琴年龄最长，艺术成就也最高。雪艳琴自幼梆子、皮黄兼学，七岁登台，十三岁搭"小香水班"，艺名金筱仙。十五岁改演京剧，以"王派"（王瑶卿）风范而兼收"四大名旦"之长，以《霸王别姬》首开坤伶舞剑先河，20世纪20年代即有"坤旦领袖"之誉。1931年，她与郭仲衡、周瑞安、杨宝忠组建了第一个男女合班的"成庆社"；1940年，不到三十五岁退出舞台，直到1951年才重敷粉墨。章遏云在四人中最幼，时年十八岁。她十二岁从名票王庚生（与王君直、王颂臣并称津门票界"三王"）学老生，后改学青衣、花旦，在城南游艺园习艺并演出。1930年拜在王瑶卿门下，曾学"梅派"，后改"程派"，先搭雪艳琴班，后自组班社。20世纪40年代移居中国香港，后定居中国台湾。杨菊秋、杨菊芬姐妹从小学习河北梆子，后改学京剧，曾共组"菊社"，有"杨氏双菊"之称。久居天津的马艳秋、马艳云、马艳芬人称"马氏三艳"，其中马艳云为"天津四大坤旦"之一，和马艳芬同拜王瑶卿为师，也在这期间红极一时。此后女演员如繁花竞开于舞台，20世纪三四十年代，言慧珠、吴素秋、童芷苓、赵燕侠等开始大放异彩。言慧珠，父言菊朋。虽然言菊朋不愿女儿入行，她却私下练功吊嗓不辍，经常问艺于父执辈，根底极扎实，戏路也极广。七七事变后居家专心学戏，得梅兰芳琴师徐兰沅教授，学梅有成。1936年得赵桐珊青睐，收为弟子，弃学从艺。1939年，二十岁时入其父春元社，正式下海，其兄言少朋也在班中，"言家班"一时声名广传。1943年在上海拜梅兰芳为师，是李世芳罹难后，公认的梅派最佳传人。

吴素秋，曾入中华戏曲专科学校"玉"字班，排名玉蕴，与"四块玉"（李玉茹、侯玉兰、李玉芝、白玉薇）同门。提前离校后拜师陈盛荪，技艺精进，以"丽素秋"之名崭露头角。师从尚小云后，艺名改为吴素秋。后更拜荀慧生为义父，得其真传，由于艺能尚、荀，很受京城观众欢迎。

童芷苓，生于天津，由于父母喜爱京剧，兄弟姐妹五人，都入梨园行。曾一度入中华戏曲专科学校，因年幼辍学，十一岁首演，十四岁跑码头，艺名"玉芙蓉"。1937年在南京夫子庙挂头牌，自此以童芷苓之名行走舞台。1938年拜师"近云馆主"杨慕兰，1939年师从荀慧生，组"苓社"并得王瑶卿指教，名坤伶之誉傍身。1947年，梅兰芳在上海收童芷苓为徒，有"荀戏梅唱"之说，更有"坤伶皇后"之赞。

赵燕侠，七岁即从父在南方跑码头，人称"小神童"，1942年在京拜师荀慧生，并得何佩华、李凌枫等授艺，十五岁在三庆园以《十三妹》一炮走红京城。

同时的京剧坤伶当然远不止此，如"四块玉"等也都是观众瞩目的角色。不过，由于各种历史原因，客观地说，她们当时很难比肩于"四小名旦"，更遑论于"四大名旦"。女演员真正扬眉吐气的时代，还是在1949年以后。

富连成科班

京剧的"富连成"，是一个具有传奇色彩的科班。1904年成立于北京，叶春善任社长。初名"喜连陞"，后改"喜连成"，1912年定名"富连成"。首批招生"六大弟子"，其后相继招收"喜、连、富、盛、世、元、韵"七科近七百名学生，到1948年停办。历时四十四年，是京剧史中办班时间最长、科班规模最大、造就人才最多的职业科班。

出自"富连成"门下的有雷喜福、马连良、于连泉、谭富英、马富禄、茹富蕙、叶盛章、叶盛兰、高盛麟、李盛斌、李盛藻、孙盛武、裘盛戎、萧盛萱、李世芳、袁世海、毛世来、刘元彤、谭元寿、哈元章等京剧名家；王连平、萧连芳、茹富兰、宋富亭、陈富瑞、钱富川、孙盛文等京剧名师。梅兰芳、周信芳、贯大元、林树森、高百岁等都曾在这里搭班学艺。萧长华、苏雨卿、宋起山、唐宗成、蔡荣贵等长期在科班任教；姚增禄、茹莱卿、郭春山、王长林、尚小云等京剧大家都曾来兼课授艺。

"富连成"只收男生，随到随考，入科年龄为六岁至十一岁，一般坐科七年，科班供给食宿衣履。教学"量材授艺，人尽其才"，以口传心授的方法，通过以演代练的方式，使学生扎实地掌握各门表演技能。科班特别看重舞台实践，常年在固定戏园公演，一律由学生演出，绝不间断。所演大小剧目近四百出，尤以"三小戏"和武戏的严谨整齐，自成一格。一所"富连成"，半部京剧史，它甚至改变了以后京城的演出格局，为京剧艺术的传承、发展做出了不可磨灭的贡献。

富连成六大弟子及社址

北昆

"北昆"即北方昆曲,是对应形成于昆山,壮大于苏州的南方昆曲的称呼,二者同源而异流,也是北京人最熟悉的昆曲支派。昆曲号称"百戏之祖",是现存最古老的戏曲声腔,明代"四大声腔"之一。大约在嘉靖、隆庆年间,魏良辅完成了今天还在延唱的昆曲音乐改造工作,"新声"一出,高明旧作《琵琶记》,梁辰渔新篇《浣纱记》声名陡起,魏良辅也被尊为"曲圣",昆曲由此跻身"官腔"。从汤显祖的"玉茗堂四梦","吴江派"和"临川派"的佳作,"苏州作家群"的名篇,到"南洪北孔"的《长生殿》《桃花扇》,再到明清宫廷的演出,都少不了昆曲的丝竹弦歌。清代昆曲又称"雅部",戏曲世上的"花雅之争"就是各种地方戏对昆曲剧坛领袖地位发起的一次次挑战。曾经地位如此显赫的昆曲,当然不会蜗居一地,它从苏州四面出击,浙昆、湘昆、川昆、甬昆、永嘉昆曲、金华昆曲、北昆就都是它攻城略地的成果。

今天所说的"北昆",其实是指"高阳昆腔",其形成有着特殊的历史原因。明代中叶,昆曲进入了北京,《曲律》作者王骥德感叹:"燕赵之歌童舞女,咸弃其捍拨,尽效南声,而北词几废。"在北京无论出自宫廷演出的需要,还是各种官府酬酢,都需要高水平的昆曲艺人,演出《长生殿》的内聚班,演出《桃花扇》的金斗班,就都以昆曲

侯玉山剧照

闻名。但是到"四大徽班"时,四喜班能以"曲子"出名,"同光十三绝"中程长庚"字谱昆山鉴别精",杨鸣玉是"昆丑",朱莲芬是"昆旦",徐小香"初习昆剧,后改乱弹",梅巧玲"口操苏音,清脆无比",所演出昆曲都驰誉剧坛。徽班中人亦精通昆曲,因此昆班剧目或表演都无力竞争,昆班难以立足。

道光年间宫中裁撤外学,大量昆弋艺人流落民间,其后京中乱象横生。1860年,英法联军侵入北京,"内廷供奉,逃亡殆尽,此腔遂流于直隶乡田间"。而咸丰、慈安、同治的相继去世,导致连续"国丧",清代规定每遇"国丧",就要四海遏密八音三年,艺人立刻会陷入生活困境。北京为首部,当然禁令更严,所有戏班都不许演唱,大家为谋生起见,于是便纷往各处乡下,偷着去演。光绪的生父,醇亲王奕譞自光绪入宫后,辞掉所有官职,在府中成立了主唱弋腔的恩庆科班(后改"恩荣"),示外以声色享乐的姿态。他圈地多在高阳县境内,科班中童伶即取其地丁家子弟充之,这个王府科班培养出"荣""庆"两科学生,以弋腔为主,但班中人多昆弋皆能,与河北各地昆弋班联系密切。醇亲王去世后,班中艺人流入京东、京南各地昆弋班,也有人回乡传授弟子,北昆开始逐渐形成自己的唱念特点。其演出剧目以净、武生、老生、武老生戏最具特色,如《刀会》《北诈》《北饯》《火判》《夜奔》《草诏》《火焰山》等,所唱曲牌也以北曲为多,《倒铜旗》《英雄台》《天罡阵》《滑油山》《医卜争强》等剧目更是南昆所无,于是高阳小县拥有了出现昆弋大班的潜质。

徐廷璧,九岁入醇王府学戏,二十岁时离开王府,1887年在玉田组建益和科班,造就出一批北昆人才。1910年徐廷璧就曾率安庆班进京,为北昆今后京中立足积累了经验。1917年,应田际云聘请,在高阳庆长班基础上组成的荣庆社到天乐园演出。时值京中已无昆班，荣庆社该班带去的剧目"不下百数十出"，演出以昆曲折子戏为主，演出阵容空前强大，班中"三老"陶显庭演老生兼红净，演唱能有古韵；郝振基演昆净兼老生，猴戏风范独具；侯益隆演昆净自成一家，有"活钟馗"之称，他们都有绝技在身。陶显庭的《弹词》、郝振基的《安天会》、侯益隆的《嫁妹》、韩世昌的《思凡》等一时"名噪京师"。

王益友，北方昆弋演员，工武生。幼年在益和科班学艺，出科后随师徐廷璧到北京搭班演出，功夫深厚，技艺精熟，能戏甚多，他演《夜奔》的林冲，杨小楼都为之钦佩。他虽然是武生，但北昆中生旦净丑各行均有涉猎，中年以后在河北高阳、安新一带教戏授徒，北昆著名演员韩世昌、白云生、侯永奎等都曾受过他的教益。1917年集合昆弋老艺人陶显庭、郝振基、侯益隆等，组成荣庆社在北京演出，影响很大。晚年在京、津各曲社教授昆曲。

《安天会》脸谱

昆曲中的牛皋脸谱

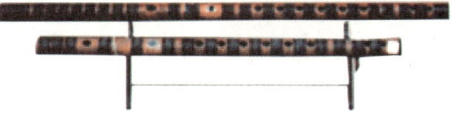
昆剧乐器：雌雄笛

昆笛

昆剧乐器：单皮鼓（左），怀鼓（右）

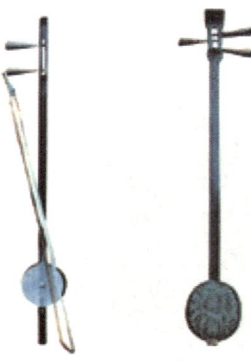
昆剧乐器：提琴（左），曲弦（右）

昆剧乐器：双清

三弦

荣庆社到北京演出时,正值北京大学的辉煌时代,蔡元培、吴梅、王西澄等一批教师雅爱昆曲,学生们也对昆曲极为喜爱,学校还增加了研究南北曲的课程。针对当时社会"捧坤"的不良风气,蔡元培发出"宁捧昆,勿捧坤"的号召,台下出现了高水平观众群。来自高阳的布商因为"老乡戏"的缘故,也愿意进入戏园捧场。知识界和报界中,昆曲"正声雅乐"的地位从未动摇,票房经常积极和荣庆社合作,京中宗室、名士中不乏昆曲名票,京剧班社中精通昆曲的内行也大有人在。报界的大力鼓吹和票房提倡昆曲复兴的意见相呼应,促进了北昆在京中的发展。北昆进京之初,唱工有欠精细,被报界和一些曲社称为"乡土派",曲学大家吴梅、赵子敬先后精心指导韩世昌,使他在字音和曲律方面艺事精进,名气直追梅兰芳。荣庆社进京后,韩世昌拜"老夫子"陈德霖为师,朱小义、侯永奎拜尚和玉为师,白云生拜陈秀华为师,在京剧领袖剧坛的北京,北昆演员兼习京剧,同时上演独有剧目,不失为保持号召力的途径,得到内外行的一致赞许。在此期间,北昆进入了发展的黄金时期。

1934年,荣庆社分裂为"荣庆社"和"祥庆社"两班,北昆从此呈每况愈下之势,荣庆社常在天津,祥庆社在各地巡演。七七事变后局势大变,老演员又纷纷谢世,其余或改投京剧班社,或改行回乡,荣庆社再难恢复。祥庆社由韩世昌、白云生联手合作,起初尚能维持,但1940年二人分手,韩世昌"隐迹京门,课徒自给",不再参加营业演出,虽然白云生力倡"昆、黄两下锅",勉力维持,可是北昆日渐凋敝的趋势已经无法改变。不过,荣庆社留下的香火未绝,北方昆曲剧院成立后,韩世昌、白云生、侯玉山、马祥麟、侯永奎等重新登台,北京观众再次认识了北昆。

昆曲历史悠久,由于明清两代剧本创作高峰迭现,剧目遗产积淀异常丰厚;也由于昆曲在乾隆年间进入"折子戏"

时代，剧目演出千锤百炼，表演经验积累更是充裕。若论及剧目在文学性、音乐性、艺术性方面的高度统一，京剧也还略逊一筹。"《博望烧屯》亮葛才，《隔江斗智》玳宴开。至今委巷谈《三国》，都自元人曲子来。"昆曲舞台名剧《单刀会》就出自元人关汉卿之手。关羽在戏曲中一直是近乎神化般的舞台存在，京剧"老爷戏"独成一门，虽然南、北有别，却都能本其所出，由红生出演，重做工，以气势取胜。昆曲重唱，关羽是传统净角"七红"中的角色。侯永奎，曾从郝振基、陶显庭、王益友、张文生等学戏。工武生、花脸，又师事京剧武生名角尚和玉，曾入荣庆社。他演出《单刀会》以武生唱整套曲牌，基本沿用关汉卿元杂剧中的文辞，做功融入武净的雄浑大气，豪情立现。

《单刀会》唱词

〔新水令〕大江东去浪千迭，趁西风驾着这小舟一叶。才离了九重龙凤阙，早来到千丈虎狼穴。大丈夫心烈，大丈夫心烈，觑着那单刀会赛村社。

〔驻马听〕依旧的水涌山迭，依旧的水涌山迭。好一个年少的周郎，恁在何处也？不觉得灰飞烟灭。可怜黄盖暗伤嗟，破曹樯橹恰又早一时绝。只这鏖兵江水犹然热，好教俺心惨切。这是二十年流不尽的英雄血！

北方昆曲剧院演出的《单刀会》(侯永奎饰关羽)

《游园惊梦》出自明人汤显祖所作《牡丹亭》，也是昆曲舞台盛演不衰的折子戏，剧中杜丽娘"不到园林，怎知春色如许"的叹息，不知曾让多少被礼教桎梏的闺中少女珠泪双垂。汤显祖与莎士比亚同时代，是东西方并峙的戏剧创作高峰，同为善以情感冲突表达超越时代哲思的文学家。《牡丹亭》把反封建的情和封建的理作为对立物而提出，对封建礼教进行了有力批判，"第云理之所必无，安知情之所必有耶！"他笔下的人物为了追求幸福，可以用情感的力量穿越死生，成为个人思想和行动的主宰。1928年韩世昌东渡日本演出时就带去了这出戏。

《牡丹亭》唱词

〔步步娇〕袅晴丝吹来闲庭院，摇漾春如线。停半晌，整花钿。没揣菱花，偷人半面，迤逗的彩云偏。我步香闺怎便把全身现。

〔醉扶归〕你道翠生生出落的裙衫儿茜，艳晶晶花簪八宝填。可知我这一生儿爱好是天然。恰三春好处无人见，不提防沉鱼落雁鸟惊喧，则怕的羞花闭月花愁颤。

〔皂罗袍〕原来姹紫嫣红开遍，似这般都付与断井颓垣。良辰美景奈何天，赏心乐事谁家院？朝飞暮卷，云霞翠轩；雨丝风片，烟波画船——锦屏人忒看的这韶光贱。

《游园惊梦》，韩世昌饰杜丽娘

北方昆曲剧院演出的《游园惊梦》（韩世昌饰杜丽娘，白云生饰柳梦梅）

《长生殿》是清代洪昇前后经十余年，凡三易稿——初稿《沉香亭》，再稿《舞霓裳》，定稿《长生殿》，以"安史之乱"为背景，描写唐明皇和杨贵妃的爱情故事的传奇巨著。作品"荟萃唐人诸说部中事及李、杜、元、白、温、李数家诗句，又刺取古今剧部中繁丽色段以润色之，遂为近代曲家第一"。《长生殿》力图通过唐玄宗、杨玉环"逞侈心而穷人欲"的帝妃爱情题材，总结国家兴亡的历史经验教训，作品思想性极为深刻。《长生殿》曲词优美，有些套曲本身就可以视为独立成章的抒情辞章。《弹词》在当时的北京传唱不息，"家家'收拾起'，户户'不提防'"中的"不提防"，就是指《长生殿·弹词》〔一枝花〕的起首三字。"曾从崔九堂前见，法曲依稀焰段传。不独听歌人散尽，教坊可有李龟年？"《弹词》对往昔繁华的追忆，仓皇逃离的描述，马嵬惨事的勾勒，不知让多少观众泪洒襟前。陶显庭（也作显亭），字耀卿，曾入京在王府恩庆班随钱宝珍习昆曲，工老生和净。是北昆早期名家，他演唱的《弹词》，把"霎时间画就一幅惨惨凄凄，绝代佳人绝命图"的沧桑感和悲凉心展示得淋漓尽致。

《长生殿》唱词

〔一枝花〕不提防余年值乱离，逼拶得歧路遭穷败。受奔波风尘颜面黑，叹凋残霜雪鬓须白。今日个流落天涯，只留得琵琶在。揣羞脸上长街，又过短街。那里是高渐离击筑悲歌，倒作了伍子胥吹箫也那乞丐。

〔梁州第七〕想当日奏清歌趋承金殿，度新声供应瑶阶。说不尽九重天上恩如海：幸温泉骊山雪霁，泛仙舟兴庆莲开；玩婵娟华清宫殿，赏芳菲花萼楼台。正担承雨露深泽，蓦逢遭天地奇灾。剑门关尘蒙了凤辇鸾舆；马嵬坡血污了天姿国色；江南路哭杀了瘦骨穷骸。可哀落魄，只得把《霓裳》御谱沿门卖，有谁人喝声采。空对着六代园陵草树埋，满目兴衰。

〔九转货郎儿〕唱不尽兴亡梦幻，弹不尽悲伤感叹，大古里凄凉满眼对江山。我只待拨繁弦传幽怨，翻别调写愁烦。慢慢的把天宝当年遗事弹。

《桃花扇》同样是一部稿凡三易、历时十余年方才完成的呕心沥血之作。孔尚任在《桃花扇》的创作过程中，曾在扬州攀梅花岭，拜史可法衣冠冢，在南京登燕子矶，游秦淮河，过明故宫，谒明孝陵，这是南明苟活偏安的基地，也是《桃花扇》本事的发生地。这部杰作采侯朝宗、李香君的爱情故事，用一柄诗扇串联全剧，"借离合之情，写兴亡之感，实事实人，有凭有据"，试图回答三百年基业隳于何人，败于何事，消于何年，歇于何地的大问题。1699年作品面世，由吏部尚书、武英殿大学士李天馥的家班金斗班首演，京城剧坛为之震撼。"两家乐府盛康熙，进御均叨天子知。纵使元人多院本，勾栏争唱孔洪词。"随即北京戏园厅堂盛演不衰，紫禁城中的康熙皇帝都被惊动。"南朝轶事断人魂，重展香君便面痕。不见满天红雨落，老伶泣过鲁西门。"明清传奇创作最后的并峙双峰都出现在京中，也成为北京戏曲史的无上骄傲。《桃花扇·余韵》中的"哀江南套曲"，更可以视为创奇创作的绝唱。

《桃花扇》唱词

〔折桂令〕问秦淮旧日窗寮，破纸迎风，坏槛当潮，目断魂消。当年粉黛，何处笙箫？罢灯船端阳不闹,收酒旗重九无聊。白鸟飘飘,绿水滔滔,嫩黄花有些蝶飞,新红叶无个人瞧。

〔沽美酒〕你记得跨青溪半里桥,旧红板没一条。秋水长天人过少,冷清清的落照,剩一树柳弯腰。

〔太平令〕行到那旧院门,何用轻敲,也不怕小犬哞哞。无非是枯井颓巢,不过些砖苔砌草。手种的花条柳梢,尽意儿采樵,这黑灰是谁家厨灶?

〔离亭宴带歇指煞〕俺曾见金陵玉殿莺啼晓,秦淮水榭花开早,谁知道容易冰消。眼看他起朱楼,眼看他宴宾客,眼看他楼塌了。这青苔碧瓦堆,俺曾睡风流觉,将五十年兴亡看饱。那乌衣巷不姓王,莫愁湖鬼夜哭,凤凰台栖枭鸟。残山梦最真,旧境丢难掉,不信这舆图换稿。诌一套《哀江南》,放悲声唱到老。

白云生,原名瑞生,河北安新县人。师从王益友,初习武生,后改昆旦。1934 年改演小生,与韩世昌长期合作,同台合演的剧目极多。《女弹》是由白云生传授的北昆独有剧目,出自元代无名氏所做杂剧《风雨像生货郎旦》,写李彦和一家悲欢离合的故事。《女弹》为原本第四折。李春郎在驿馆中找艺人弹唱,不料弹唱货郎儿的竟是李彦和与张三姑,一曲唱罢骨肉相认,而自投罗网的张玉娥和魏邦彦也依律被斩。《长生殿·弹词》的创作应该参考了《女弹》,白云生的演唱情真意切,字字坚实又杂以乡音,极其符合人物身份。

《风雨像生货郎旦》唱词

〔五转〕火逼得好人家人离物散,更那堪更深夜阑。是谁将火焰山,移向到长安?烧地户,燎天关,单只把凌烟阁留它世上看。恰便似九转飞芒,老君炼丹,恰便似介子推在绵山。恰便似子房烧了连云栈,恰便似赤壁下曹兵涂炭。恰便似布牛阵举火田单,恰便似火龙麕战锦斑斓。将那房橼扯,脊梁扳。急救呵,可又早连累了官房五六间。

〔六转〕(啊呀我!)我只见黑黯黯天涯云布,更那堪湿淋淋倾盆骤雨,早是那窄窄狭狭,沟沟堑堑路崎岖,知奔向何方所。犹喜得潇潇洒洒,断断续续,出出律律,忽忽鲁鲁噜阴云开处,又只见霍霍闪闪电光星烂。怎禁得萧萧瑟瑟的风,点点滴滴的雨,高高下下,凹凹凸凸一答模糊。早做了扑扑簌簌,湿湿漉漉疏林人物。倒与他装就了一幅昏昏惨惨潇湘水墨图。

〔七转〕河岸上和谁讲话?向前去亲身问他。那知道奸夫是船家,猛将咱家长的喉咙掐,拖搭地揪住了头发。我是个婆娘,怎生救拔?也是他合亡化,扑咚咚命掩黄泉下。将一个长安的李秀才,只向那翻滚的波涛水淹杀。

《林冲夜奔》出明人李开先《宝剑记》第三十七出,京剧和昆曲演法不同。京剧《夜奔》有徐宁出场"起霸"、持枪追捕,与林冲宝剑对打。林冲五次上场,身段各不相同,称为"五场边",演出排场极大,所以也叫"大夜奔"。北昆是林冲一人演到底,也叫"一场干",全用原词,以情带景,触景生情,情景交融,招招式式都有交代,字字句句都有着落,突出林冲独特的艺术魅力。"姑妄言之矣。又何论,衣冠优孟,子虚亡是。雪夜窜身荆棘里,谁问头颅豹子。也曾望,封侯万里。不到伤心无泪洒,洒平皋,那肯因妻子?惹我发,冲冠起。"《夜奔》中林冲的忧愁苦恨,让无数人为之感伤叹息。侯永奎因为演活此剧,被称为"活林冲",直到今天还是北昆舞台演出的经典范例。

《林冲夜奔》唱词

〔沽美酒带太平令〕怀揣着雪刃刀,怀揣着雪刃刀,行一步,啊呀哭,哭号啕。急走羊肠去路遥,(天,天哪!)且喜得明星下照。一霎时云迷雾罩,疏刺刺风吹叶落,震山林声声虎啸,又听得哀哀猿叫。俺呵!走得俺魂飞胆消。似龙驹奔逃,吓!百忙里逃不出山前古道。

〔收江南〕呀!又听得乌鸦阵阵起松梢,数声残角断渔樵,忙投村店伴寂寥。想亲闱梦杳,想亲闱梦杳,顾不得风吹雨打度良宵。

顺便补充一点,就是在清代的皇宫中,昆曲还有着极为特殊的演出形式,即专用于宫廷中各种活动的演出。《九九大庆》用于大型典礼,如皇帝大婚,皇帝、太后大寿等;《法宫雅奏》用于宫中各种喜庆事件的发生,如帝后生日、皇子诞生、册封妃嫔、巡幸筵宴等;《月令承应》是一年四季中各个节令、节日的应时演出。这些都是只能见于皇宫中的特殊演出。至于昆弋并用的整本大戏,则没有严格制度化的具体演出规定。虽然此类剧目仅见于宫中,剧本和表演也从不现于民间,但是应该被视为京城中特有的戏曲演出存在。

京剧得昆曲艺术滋养最多,回馈也最丰厚。过去演员坐科时,开场往往需要有《跳加官》《跳财神》等吉祥戏演出;至于堂会演出,喜庆祝贺内容的吉祥戏更是必不可少。这类戏大多有全体同唱昆曲的要求,所以京剧演员坐科时都会有一定的昆曲根底。如《天官赐福》用整套"醉花阴"曲牌,与《安天会》中孙悟空在偷桃盗丹时所用相同。《财源辐凑》是整套〔粉蝶儿〕曲牌,与《挑滑车》中高宠所唱大同小异。《八仙庆寿》是整套〔新水令〕曲牌,如果前面加一支点绛唇,就和《林冲夜奔》一样了。虽然演员出科后未必经常演出开场戏或堂会戏,可是有这样从幼年起打下的昆曲基础,对日后的学戏、演戏有百利而无一害,因此老艺人大多能京昆兼长。清末到民国年间,昆曲遭遇冷落,京剧对昆曲的保全有莫大之功。

北昆在北京的艺术之路虽然一波三折,但是它在民国为北京留下了薪尽火传的种子,在"文化大革命"期间,《李慧娘》惨遭批判之后保留了昆曲再生的元气,让北京观众一直有机会亲近昆曲,感受到戏曲在北京厚重的文化积淀,也让元明清以来的戏曲名作从来不曾远去。

评剧

评剧过去习称"蹦蹦戏"或"落子戏",又名"平腔梆子戏",是在"莲花落"和"蹦蹦"的基础上发展起来的地方剧种。莲花落是一种民间说唱艺术,主要伴奏乐器是"节子板"(用绳子串联在一起的七块竹板),蹦蹦是流行在东北的民间歌舞形式,也使用节子板作为主要乐器。蹦蹦和莲花落音乐大同小异,形式活泼简便,很快被冀东莲花落艺人所接受,蹦蹦戏主要是唱,很少说白,保持着说唱形式。蹦蹦戏最初只有男、女角之分,以后逐渐发展成为生、旦、丑的"三小戏"。1909年左右,蹦蹦戏班社开始走进城市,最初多为撂地演唱,后来进入茶社。1910年前后,以金菊花、成兆才等人为首的蹦蹦戏小班社,进入唐山的茶园演出,成兆才等人对原来的表演形式进行了大刀阔斧的艺术改革:表演人员开始分工,说唱由专业演员扮演,并且分配了行当唱腔。采用全套河北梆子乐器伴奏,"平腔梆子戏"问世,至此评剧初成,并逐渐流入东北、天津、北京等地。

评剧的形成,庆喜班居功至伟,成兆才名垂史册,评剧的文学、唱腔、表演形式及器乐伴奏风格,都是在这个戏社形成的。评剧形成之初深受改良新戏影响,以编演时装新戏见长。成兆才有"民间戏圣"之誉,他所编写的《花为媒》《占花魁》《杜十娘》等都是评剧中久演不衰的名剧。他创作的一些反映现实生活的剧本，特别是1919年编写的《杨三姐告状》，更是具有针砭时弊、为民请愿的作用。1918年，有人以他们的演出有"评古论今，警化世人"的功用建议改名"警世戏社"，并送"唐山首创警世戏社"匾额一块。成兆才是"警世戏社"的剧作家、演员和领导者，主要演员有月明珠、李春盛、仙动心、佛动心、倪俊声、康永盛、夏春阳、金开芳、杨柳青、石榴花等人。它以崭新的内容和形式震动了山海关内外的广大观众，很快受邀到天津、营口、哈尔滨、奉天（今沈阳）、长春、安东（今丹东）一带演出，并大受欢迎。1923年又成立了警世戏社第二班，由盖月珠（王东海）任主演，以后又由芙蓉花一直坚持到1949年，俗称"老二班"。1923年，警世戏社第三班在天津成立，主角盖五珠（王庆昌），后期由著名演员筱桂花（张丽云）坚持到1931年，由于"九一八事变"的影响，这个班社被迫解散。

唐山首创警世戏社对评剧艺术的发展影响深远，李金顺、花莲舫、白玉霜、刘翠霞、爱莲君、喜彩莲等著名女演员，都是在吸收了警世戏社头班的剧目和艺术传统之后，加以创造革新，才逐渐形成了新的流派艺术。由于受到梆子和京剧的影响，评剧逐渐增添行当，出现了青衣、花旦、老旦、小生、老生、小丑之分，表演艺术也开始吸收了梆子、京剧的身段、程式及唱腔，一度甚至出现了京剧化的倾向，但剧种仍然保持着民间小戏活泼、自由、生活气息浓郁的特点。评剧形成初期，月明珠、金开芳、倪俊生等把蹦蹦戏带往东北、天津等地，人称"唐山落子"，东北出现了以李金顺为首的第一批著名女演员，如喜彩春、芙蓉花、筱桂花、喜彩莲等，由于李金顺的演出活动以辽宁为中心，所以又被人称为"奉天落子"。1930年前后，芙蓉花、白玉霜及喜彩莲等把评剧带进北平，很快就成为北平流行的剧种之一。1934—1935年，白玉霜、钰灵芝、喜彩莲、朱宝霞、爱莲君等到上海演出，评剧的名称开始正式使用，白玉霜名震一时。

白玉霜，工旦。原名李桂珍，又名李慧敏，莲花落艺人李景春（艺名粉莲花）之女。十一岁学唱京韵大鼓，十四岁拜孙凤鸣（艺名东发亮）改习蹦蹦戏，随班活动于青岛、大连等地，艺术上逐渐崭露头角。1928年，组建成华北戏社，活动于京、津一带。1934年，因婉拒北平高官的请客要求，被逐出北平。随后应邀赴上海，与早在上海的钰灵芝、爱莲君合作演出《花为媒》《空谷兰》《桃花庵》《马震华哀史》《珍珠衫》等剧。她和欧阳予倩、洪深等合作编创了《潘金莲》等新戏，又同京剧演员赵如泉合演京、评两腔的《潘金莲》，1936年主演了反映评剧艺人生活的第一部评剧电影《海棠红》，扩大了评剧的影响。白玉霜由于在沪上声誉日隆，被称为"评剧皇后"。1937年回到北后方，她在北平开明戏院长期演出。她和喜彩莲、芙蓉花等人使评剧日臻成熟。20世纪30年代，白玉霜和刘翠霞、爱莲君、喜彩莲被称为评剧"四大名旦"，是评剧"白派"艺术的创始人。养女小白玉霜（李再雯）继承了她的艺术风格并有所发展。

喜彩莲，本名张素云。十一岁时与姐姐喜彩春进复盛戏社，从莲花落艺人吴寿朋学艺。其后姊妹同在李金顺元顺戏社演唱，艺术上受李金顺影响很大，十七岁挑班主演并改剧社为阳春社。1934年，十八岁时赴天津，演出了《杨乃武与小白菜》《杨三姐告状》等时装戏以及《孟丽君》《白蛇传》等移植戏，凭借出色的演技，很快站稳了脚跟。1937年，演出京剧移植剧目《卓文君与司马相如》在上海一炮打响。在上海期间和京剧演员小三麻子、林树森、芙蓉草等合演京、评"两下锅"的《翠屏山》《战宛城》等，常演剧目有《可怜的秋香》《武则天》《人面桃花》《武松与潘金莲》等。抗日战争时期，在北平华北戏院演唱多年。

小白玉霜，本名李再雯，工青衣、花旦。五岁随父逃荒

小白玉霜

至北京,被白玉霜收作养女,得受熏陶,继承了"白派"艺术的风格和特点。她十四岁开始舞台生涯。1937年给白玉霜配戏,以后影响逐渐超越养母。白玉霜逝世后,小白玉霜成为20世纪四五十年代评剧艺术的代表人物之一,发扬光大了"白派"艺术。她演出的《玉堂春》《临江驿》《打狗劝夫》《劝爱宝》《珍珠衫》《红娘》等剧在京津一带享有盛名。

新凤霞，原名杨淑敏。六岁随堂姐（刀马旦）杨金香学京剧，十三岁拜邓观堂为师，并从王仙舫、张福堂等学习评剧，十五岁开始担任主演。这一时期新凤霞演出了《乌龙院》《可怜的秋香》《三笑点秋香》等剧目，在天津、上海、济南、秦皇岛等地都获得了观众好评。1949年北京解放后，新凤霞在北京组织了凤鸣剧社并出任主演。1950年，任首都实验评

新凤霞

剧团主演兼团长。1952年第一届全国戏曲观摩演出大会期间，她以主演《刘巧儿》一剧荣获演员一等奖。1955年，中国评剧院成立后，担任一团主演。她所主演的《刘巧儿》《祥林嫂》《金沙江畔》《无双传》《杨乃武与小白菜》《三看御妹》《花为媒》《杨三姐告状》等都产生了社会影响，其中《刘巧儿》

《花为媒》被拍摄为电影，对评剧艺术的推广起到了积极的作用。艺术上形成了独树一帜的评剧"新派"特色，"新派唱腔"也是当今评剧旦行中最为广泛流传的流派唱腔。

评剧起于冀东乡野，成于唐山茶园，行于关东沃野，盛于京津市井，名于海上繁华。这个乡土气息浓郁的小剧种，四十年间不断改头换面，自强不息，最终跃居为北方地区的大剧种，且植根于北京、天津这样的大都市，其成功经验显然值得深思和总结。1955年中国评剧院成立后，由于创造净行，发展生行的努力，评剧男演员的不断崛起，促进了评剧的变革，也拓宽了剧种的艺术表现力。

北京的剧场

戏曲演出能够在北京人的日常生活中占有重要的地位，就是靠着一代代爱戏懂戏的观众追捧。不过，观众和演员必须同处一个观演空间——剧场，才会出现"方才还冷淡，全无什么响动；平地起风波，成这样喧哗"式的观演关系。如今人们熟悉的专为演出而建造的剧场，是民国以后才出现的，而从前很多固定的演出场所，如宫中、王府、府第、会馆中的戏台，和普通百姓绝无关系。以前戏曲民间演出最多的公开场所，通常和"戏"字无关。元代的"勾栏"已无从考察，明代应该以搭棚唱戏为多，戏曲真正能够有固定演出场所的时候，还是在清代。

康熙年间，因为"内城逼近宫阙，禁止开设戏园、会馆、妓院"。一些大饭庄、酒楼和会馆都内设戏楼，以满足官宦商贾迎来送往、同乡交际、各方团拜的需要，戏班受邀演出，称为"出堂会"，而大戏棚、小茶园则是平民的娱乐场所，彼此绝不混同。徽班成功后，开始出现新的戏园经营方式，园中不设酒宴，只提供茶水、食品和零食小卖等服务。园中还划分出官座、池座和廊座，拉开座位档次，观众可以根据自身要求选择各自的座位。新式戏园为雅俗共赏的徽班提供了一个雅俗一体的演出场所，于是很快流行起来。嘉庆初年"戏庄演戏必徽班。戏园大者如广和楼、三庆园、庆乐园，亦必

乐队和观众

戏楼内景

戏楼外景

以徽班为主。下此则徽班小班、西班相杂适均矣"。今天北京人所称的老戏园子，就指这些木结构或砖木结构的演戏场所。不过它们都不会自称戏园，以预防"国丧"而导致长期禁演的停业危机。民国以后，钢筋水泥结构的新式戏院大量出现，它们共同见证了戏曲在京城中的辉煌，也大多成为记忆中的历史名称。

查楼，明末查姓盐商兴建，原为别墅内所设戏楼，与太平园、四宜园、月明楼并称明代"四大名园"。清初改为茶楼，名广和茶楼，也称查楼，统称广和楼，在前门外肉市。康熙年间，就在这里演出了《长生殿》和《桃花扇》。乾隆四十五年（1780）毁于大火，不久重建，清代广和茶楼演剧图描述的就是这以后的景象。清中叶以后，这里以京腔、四大徽班演出为主。清末民初是京剧演出的重要场所，谭鑫培、王瑶卿、杨小楼经常在此演出。1904年，十一岁的梅兰芳第一次登台亮相就是在这里。1906年起，富连成进入此地，演出时间长达二十年。民国时期，改建为封闭式室内剧场，镜框式舞台，两层戏台。观众席只摆设案、长凳，便于品茶听戏。1949年后，更名广和剧场，改为平面舞台，观众席为横排木椅，可容纳八百人。

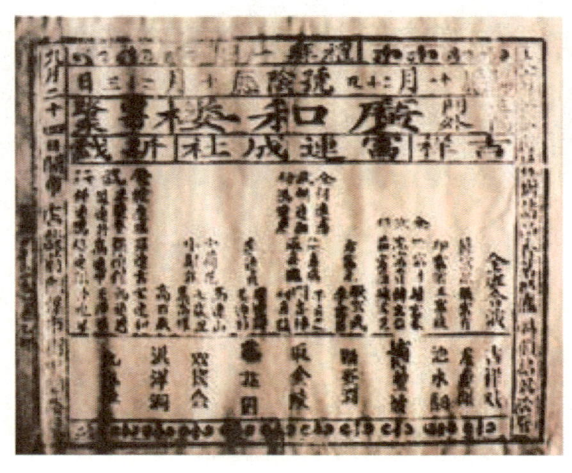

广和楼戏单

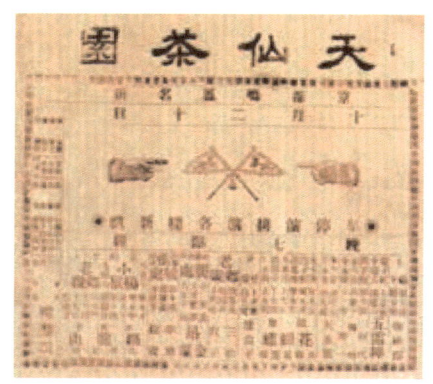

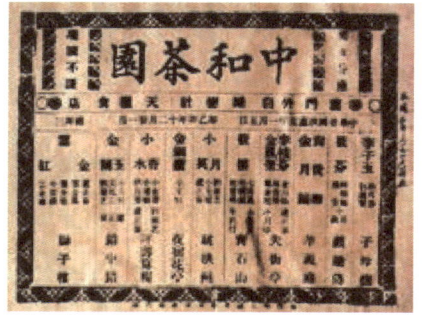

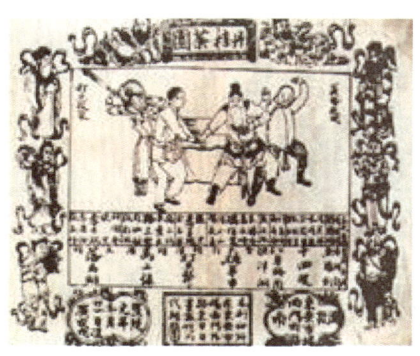

戏单

同乐轩，又称同乐茶园，始建于清代中叶，在前门外大栅栏中段路北，戏台坐北朝南，台口有栏杆，三面对观众，场内摆设茶案和条凳，能容纳观众八百人。清代后期茶园均改名戏园，唯独此园因为避讳故宫同名戏台而未改。民国后期，改为同乐电影院。

庆乐园，始建于清代中叶，在前门外大栅栏内路北，后改为庆乐戏园。台口半圆形，有栏杆，三面对观众，能容纳观众八百人。1935年杨韵谱集资重建，舞台由坐南朝北改为坐北朝南，舞台下设转轮，使舞台中心可以旋转，条凳改为座椅。

三庆园，始建于清代中叶，在前门外大栅栏中段路南。原为乾隆年间宴乐居所在，后由三家合伙开设。1900年焚毁后重建，三庆园的前后台及台面布局与广和楼相仿，只是规格稍小，两个台柱上有对联：假象写真情，邪正忠奸，试看循环之理；今时传古事，衣冠粉黛，共贻色相于斯。由于东家产生经营矛盾，经营逐渐萧条。1908年，增加夜场放映电影；1947年，更名为三庆电影院。"四大徽班""四大名旦"

等都曾在此演出。

广德楼，始建于清代中叶，在前门外大栅栏西口路北，戏台坐东朝西，台前有两柱，台顶有天花板，程长庚、余三胜、梅巧玲、余紫云、汪桂芬、俞振庭等先后在此演出，喜连成、双庆社、斌庆社等曾较长时期在此演出。

中和园，始建于清乾隆、嘉庆时期，在前门外粮食店街北口路西，后改为中和戏院。二层楼，台口有栏杆，三面对观众，观众席几经改造，始终在千人以上。谭鑫培、陈德霖、黄润甫、裘桂仙、德珺如等先后在此演出，1927年梅兰芳在此首演《凤还巢》。

天乐园，始建于清嘉庆年间，1901年田际云出资重修，更名为华乐园。戏台坐南朝北，台口半圆形，楼上有包厢，后有散座，可容纳观众千人以上。1949年扩建，更名为大众剧场，成为文化部戏曲改进局在北京主管的第一个国营剧场，中国戏曲研究院建院典礼就是在这里举行的。

正乙祠戏楼，始建于康熙年间，初为浙江会馆戏楼，在

正乙祠戏楼

前门外西河沿。戏楼南北向，戏台坐北朝南，顶部有天井，正梁有升降滑轮，台板有地井，台下为池座，东、西、南二层有戏廊，清末民初演出频繁，1919年余叔岩曾在此为母贺寿，钱金福、王长林、梅兰芳、芙蓉草等共同襄助。谭鑫培、陈德霖、王凤卿、王瑶卿、朱素云、姜妙香等曾在此演出。章小山、包丹庭、陈墨香等人组织的熙春社票房，在此活动七年之久。

湖广会馆戏楼，原为明万历年间名臣张居正的相府，清嘉庆十二年（1807）出于"联南北乡谊"的目的，公议改建为湖广会馆，1830年扩建，在虎坊路五号。戏楼南北向，戏台坐南朝北，台下池心外，东、西、北二层有戏廊，可容纳观众千余人。明末清初演出频繁，湖北籍演员尤多，谭鑫培、余叔岩经常在此演出。

湖广会馆戏楼（舞台）

安徽会馆戏楼

安徽会馆戏楼，同治十年（1871）落成，由李鸿章集皖籍官员捐资兴建，在后孙公园25号。戏台坐南朝北，台下为池座，东、西、北二层有戏廊，同光时期，安徽籍艺人频繁出入，程长庚、刘赶三等多在此出演，谭鑫培也常来演出。

吉祥园，由大公主府总管太监王德祥出资兴建，1908年建成启用，在东安市场北门内路东。可容纳观众800人，谭鑫培、孙菊仙、黄润甫、王瑶卿、杨小楼、罗寿山、刘鸿声等曾在此演出，梅兰芳的《嫦娥奔月》《黛玉葬花》《天女散花》均在此首演。中华人民共和国成立后，更名为吉祥戏院。

吉祥茶园，1908年修建，在天桥原西市场。1929年失火后原地重建，更名为吉祥舞台，可容纳观众八百人。演出以京剧、梆子为主，传统戏以外，还编演清装戏和时装剧。1941年停业倒闭。

文明茶园，始建于清末，在前门外珠市口煤市街南口外路北，1907年前后在天和园旧址修建。当时正是大量使用电灯、电话等西方文明的时期，茶园命名附会之。戏台坐北朝南，其造型与广德楼相似，二层楼，是北京第一个允许女子进入

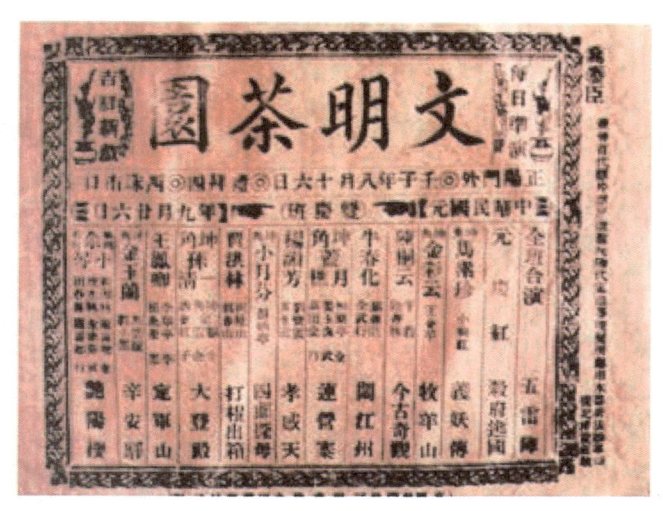

文明茶园戏单

和第一个开夜场的戏园。民国时期更名为华北戏院,可容纳观众七百人。王又宸、谭小培、尚和玉、侯喜瑞等曾在此演出。1918年杨韵谱领导的奎德社女班曾在此演出时装戏,1940年前后,喜彩莲为主演的评剧班长期在此演出。

开明戏院,1921年兴建启用,在前门外珠市口西。启用当日,由梅兰芳演出了《贵妃醉酒》,龚云甫、萧长华合演《钓金龟》,王凤卿演出了《让成都》,郝寿臣、李寿山合演《真假李逵》。1939年更名为市立剧院,1949年改名为民主剧场,后改为珠市口电影院。

哈尔飞戏院,原为奉天会馆戏台,张作霖、张学良父子曾多次在这里举办堂会,1930年对原戏台改造后建成哈尔飞戏院。由于新新大戏院、长安大戏院相继开业,营业不佳,改为"瑞园茶社",再更名为"大光明电影院",1946年改称"大光明大戏院"。1949年后,更名为西单剧场。

新新大戏院,1936年由马连良和华乐园经理万子和等集资兴建,在西长安街六部口以西路南。楼上有包厢,后为散座,可容纳观众千人以上。马连良的扶风社,富连成科班,杨小楼、

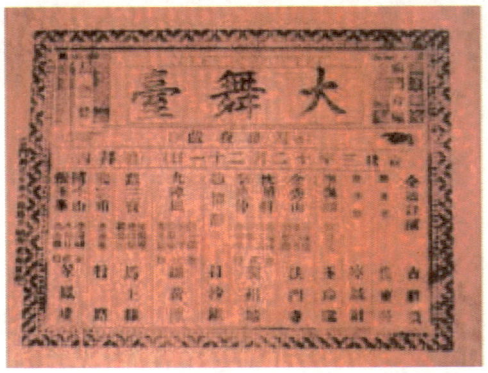

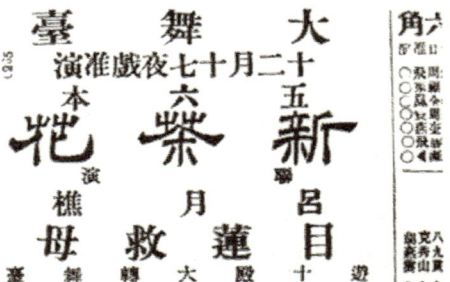

戏园戏单

言菊朋、程砚秋、尚小云、荀慧生、奚啸伯、金少山、李世芳等曾在此演出。1946年后股东易人，改建为电影院。

长安大戏院，1937年建成，在西长安街路口以东路南。戏台坐西朝东，台口半圆形，中间有转台，杨小楼等曾在此演出，1955年改为国营，并几次改造扩建，可容纳观众1200人。"四大名旦"、"南金北郝老侯爷"、马连良、谭富英、奚啸伯、李万春、李少春、叶盛兰、叶盛章等曾在此演出，北昆韩世昌、白云生等曾在此献艺，评剧小白玉霜、喜彩莲、新凤霞等曾在此演出。

北京的老戏园还有很多，和戏曲班社不断报散再组一样，老戏园也不断倒闭重张，逝去的茶楼戏园，或毁于天火，或亡于人祸，或失于经营不善，或败于世事更迭……但是它们的名字和北京戏曲一直无法分开。比如毁于"庚子事变"的庆和园就和"四大徽班"同在，第一舞台和杨小楼、尚小云的名字相连，城南游艺园和民国初年的坤伶共存，歌舞台和梆子戏密不可分，精忠庙梨园会馆戏台更是长存史册……旧时舞榭歌台，风流总被雨打风吹去；今日剧场舞台，依旧雷鸣电闪变幻莫测。

曲艺

凯歌奏唱话岔曲

清乾隆时期，从清初开始流行于北京城区及郊区的岔曲已是一个成熟的曲种，1795年出版的《霓裳续谱》中就收录了148首之多的岔曲曲词。

关于岔曲的起源，历史上有两种说法。一种说法是乾隆年间，清军征伐西域，凯歌高奏。军中有个叫宝小岔（名恒，也有书中记载为文小槎，外火器营人）的，自创马上曲，又称得胜歌，因名岔曲。民国时期齐如山著《故都百戏图考·八角鼓》篇即采纳这一说法，依据是清末单弦艺人德寿山的口述，这一说法在许多老年票友中也相传甚广；不过，艺人中也流传着另一种说法，认为"所谓岔曲者，乃岔支于昆曲、高腔之义，岔曲之岔，非宝恒之名也"。民国时期出版的《岔曲的研究》一书中，作者便认为此说可信程度较高。

岔曲的基本唱腔结构是一段六句或八句，分曲头、曲尾两部分，中间有一个大过门。也可以在曲头和曲尾中间加上数板或一至数个牌子，如〔黄鹂调〕〔石韵书〕等，整个岔曲的篇幅就扩充了。篇幅简短的小岔曲又名脆岔，节奏鲜明，明朗脆快。而在曲词中嵌入一长串数板的大岔曲又称长岔，唱腔多变，高低起伏，节奏明快，像代表性曲目《风雨归舟》就最具北京的韵味。

传统的岔曲曲目按照曲词的内容大致可分为：写景抒情，

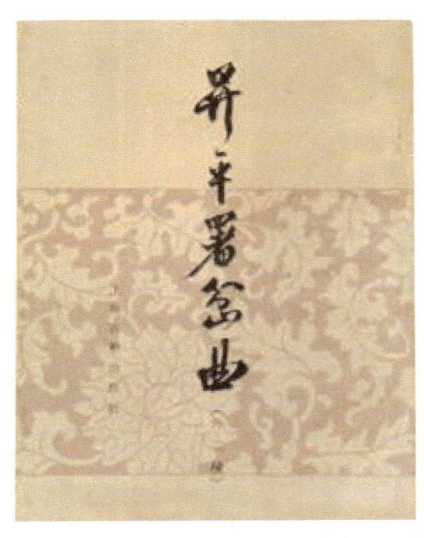

《升平署岔曲（外二种）》

才子佳人，文字游戏，各种赞赋，喜庆贺词以及根据小说、戏曲故事改编等六种类型，数量较多。除了宝小岔，也出了许多的曲师和唱家，像后来的单弦牌子曲著名演员都擅唱岔曲，上场后往往都是先唱一段岔曲，随后才正式演唱。

　　从表演方式来讲，岔曲大多是一个人自击八角鼓演唱，另一人在一旁用三弦伴奏；也有两个人各操八角鼓演唱的；还有集体演唱的"群曲"形式。据说，群曲演唱的形式是当年征西的军人兴起的，凯歌高奏，歌颂武功，后由宫廷流传至旗籍子弟中间。群曲演唱的仪式感很强，所有演员皆衣着整肃，各持八角鼓或其他乐器一字排开，中间坐着弹弦者，所谓"坐弦立歌"；主唱者一唱众和，有齐唱，有轮唱，锣鼓齐鸣，气象庄严，所唱曲目多为《八仙庆寿》《大秋景》等。此外，还有由优童分角色演唱的形式称为平岔带戏，即后来的拆唱。

　　岔曲发展至清中叶以后，日渐衰落，从业者锐减。到了民国初年，岔曲便不再作为一个独立曲种存在，而是完全融入了单弦牌子曲，成为其重要组成部分，只是偶尔还作为单独的节目演出。

"一人单弦八角鼓"

在清代乾隆年间流行起来的岔曲的基础上，又经过将近百年的实践，单曲体的岔曲逐渐演变成枣核儿、腰截和牌子曲三种曲体样式。岔曲的头尾中间插入一个曲牌连缀演唱，形成两头小中间大的三段联曲体，枣核儿是其形象的称呼；头尾之间加上三至四个曲牌连缀演唱的，则称之为腰截；若干种不同腔

荣剑尘演唱单弦牌子曲

曹宝禄演唱单弦牌子曲

调的小曲曲牌连缀起来说唱一段故事的则谓之牌子曲。到了清末，终于衍生成了说唱结合的单弦牌子曲，演唱时以八角鼓击节，又称之为八角鼓、单弦八角鼓、牌子曲，简称单弦，篇幅上也从短段变成了中篇连续说唱。

单弦的曲牌约有九十多个，常用的不到三十个，像〔太平年〕〔云苏调〕〔罗江怨〕〔金钱莲花落〕〔怯快书〕〔流水板〕等，大致可分为叙事、抒情两种功能，编演节目时按照不同内容的表达需要来选用曲牌。单弦曲牌的文体以长短句为主，也有上下句结构的，并常用三字头、垛句、嵌字、衬字等，曲目内容有反映清代风貌和旗籍子弟生活状况的，也有改编自戏曲故事的，后来有了把小说改编成分本演唱的曲目，如《胭脂》四本、《武十回》等，很受欢迎。

清末道光、咸丰年间，有位演唱八角鼓的旗籍票友叫司瑞轩，艺名随缘乐,说、学、逗、唱、吹、打、弹、拉的技艺样样精通,算得上出类拔萃。由于他性格耿直,碰到个别借机敲竹杠的票友往往针锋相对,一来二去也就得罪了不少人。有一年的六月初一,本来说好了在西直门外高梁桥附近的某茶馆演出,结果时间到了除了他自己,其他票友全都借故不来了,明摆着这是大伙儿约好了要让他下不来台啊。随缘乐只得向台下的观众连连道歉,说:"对不住了!今天我一个人是唱不了啦,所有的茶钱全算我的。这么着,明年的六月初一,还是这儿,还请您来捧场,我随缘乐一定有新的玩意儿来孝敬诸位!"言罢,他便回了家,停了所有的票房活动,潜心琢磨新的曲词。一年之后,还是这家茶馆,随缘乐准时出现。他贴出一张海报,上写"随缘乐一人单弦八角鼓",简称"单弦"。每天三个小时,连演了三天,就一个人,去掉了吹、打、拉、逗,只有说、学、弹、唱,效果出奇的热烈。人们争相赶来观看,盛况空前。

原来,这整整一年里,随缘乐可没闲着,他编演了许多新曲目,特别是在牌子曲的音乐上动足了脑筋,吸收了不少当时流行的曲调,如〔怯快书〕〔四板腔〕〔剪靛花〕等,这些曲牌似说似唱,半说半唱,朗朗上口,特别适合说唱故事。而且,他还特别擅长插科打诨,评古论今,所以现场的气氛非常活跃,一时间,人们争相传颂。

与随缘乐同时期的单弦演员德寿山也很有代表性。他原是满族旗籍子弟,曾做过官,爱唱八角鼓,文学造诣深厚,后因生活无着不得不下海到游艺场卖艺为生。他一向自编曲调,常借故事中的人物之口来揭露当时的封建军阀、贪官污吏的暴行和丑陋嘴脸。譬如最有代表性的唱段《昆虫贺喜》,原是一个从明代传下来的只能唱二十几分钟的小书帽,德寿山把它发展创造成了能够演唱三个多小时的大段儿,分六次唱完。作品通过拟人化的手法,尖锐的唱词,直接把讽刺批判的矛头指向了当时的权贵阶层,这就埋下了隐患。有一次在某个大军阀家中唱堂会,德寿山刚唱到

"铁甲将军是中路督战的总指挥儿",座中有个人站起来,狠狠地一跺脚就离席了。原来,这个军阀偏巧就是个当过总指挥的将军,而且还明白铁甲将军就是指的屎壳郎。这下,以后哪家大人物家里唱堂会都点名不要德寿山出现。因为得罪了这些权贵而断了主要的经济来源,德寿山只得四处奔波疲于奔命,终因劳累过度,刚六十岁就贫病而死,其后事还是同行们帮衬着才勉强办完。

到了20世纪20年代以后,单弦这一曲种更是名家辈出,流派众多,并且开始有了女演员的出现。荣剑尘、常澍田、谢芮芝、谭凤元、曹宝禄等便是这一时期的佼佼者。

"八旗子弟乐"相传——子弟书

清乾隆年间，北京城区开始流行一种满族曲种——子弟书。据说它也是由远戍边关的八旗子弟们创始的。为了排遣寂寞，抒发思乡之情，军中的八旗子弟以当时军中流行的俗曲加上满族萨满教祭祀时的巫歌，填词演唱以为娱乐。据说，乾隆初年，阿桂部得胜回朝，载歌载舞进京，便是以八角鼓击节，唱的这些流行俗曲，歌颂太平盛世。乾隆皇帝龙颜大悦，京城一时为之轰动，于是便将此类曲调称为"八旗子弟乐"。不久以后，北京的八旗子弟们以此曲调为基础，参照民间大鼓、弹词等艺术形式，用北京民间通行的十三道大辙，创造出了一种主体唱词为七言，以八角鼓伴奏的说唱形式，定名为"子弟书"。

说到这击节的乐器八角鼓，也有不少传说。它的八个角、八面鼓墙分别象征着清代正黄、正白、正红、正蓝、镶黄、镶白、镶红、镶蓝八个旗；七面鼓墙中央各雕有一个海棠花瓣形的长方孔，内穿三个小铜钹，代表每个旗的三个固山，没开孔的一面安有一枚锥形圆顶铜钉，外有三个铜片，合在一起就是代表满、蒙、汉八旗的二十四个固山。锥形铜钉寓意"独霸干戈"或"永罢干戈"，取和平之意。铜钉下有铜环，系有两条丝绳，下缀穗子，象征"谷秀双穗"，穗长三尺，象征三才，颜色一杏黄一鹅黄，象征内八旗与外八旗。

子弟书有东韵、西韵之分，也叫东城调和西城调。东韵主要演绎的是一些厚重肃穆的历史故事，慷慨激昂；西韵则多歌咏风花雪月，委婉缠绵。子弟书的开创者之一，西韵子弟书的代表罗松窗，擅长编写歌咏男女忠贞不渝爱情的唱词，有《庄氏降香》《红拂私奔》《鹊桥密誓》等十余种存世。此外，还有韩小窗、石玉昆、鹤侣氏等作者以及诸多无名氏的作品流传下来。不过，由于历史的原因，子弟书的唱腔音乐已无法考证，倒是有唱无白的七言唱词，多有佳句。作品内容多取材于明清小说，如《三国演义》《红楼梦》等名著；也有改编自前人所做杂剧、传奇的，如《西厢记》《玉簪记》等；再有就是描摹当时北京风土人情、社会见闻的现实题材。据当时出版物所载，子弟书从创始到消亡的百多年间，曲目甚丰，计有三四百种之多，坊间更是多有抄本流传。

嘉庆年间，东韵子弟书传入沈阳，称为"清音子弟书"；西韵子弟书则流入天津，与当地民间曲调及语音相融合，形成了以说唱长篇大书为主的"卫（天津卫）调子弟书"。流入北京民间的子弟书经过鼓书艺人的改良，不用八角鼓，增加三弦伴奏，形成了一人自弹自唱或二人一弹一唱的演出新形式。

道光、咸丰年间，艺人石玉昆吸收民间传闻，在话本基础上编成一部长篇大书《龙图公案》演唱，引起轰动，世称"石韵书"。同治、光绪年间，则有艺人郭栋儿创制了有别于东韵、西韵的新腔新词，节奏明快，曲调流畅，世称"南城调"。

至光绪十年（1884）左右，子弟书这种演唱形式渐趋衰歇，但其中的一些曲本却被京韵大鼓、梅花大鼓、东北大鼓等广泛采用，部分曲调也被单弦等曲种借鉴吸收而保留下来。

"双学一人"演双簧

清代中叶,北京城区流行的曲种中,双簧是大受观众欢迎的。它原是曲艺艺人在"全堂八角鼓"中表演的一种形式,最初叫作"双学一人"。为什么叫双簧呢?民间有好几种说法,都提到一位叫黄辅臣的艺人。

一种说法是黄辅臣一人创始说。据说他是北京城里比较有名的一位曲艺艺人,在早年印行的一些说唱曲本里都提到了这个人的名字,比如李斐叔的《梅边杂忆》一书中就记载说:"(他)面目奇丑,初亦说书之流,以一人能学各种人物动态,故名双黄。其后始分为两人作一人也。"另一种说法则认为"双黄创始于北京票友黄氏昆仲,故称双黄。其拿手处在前脸不在后脸,在指手画脚不在唱工好歹"。另有第三种说法则说他本是一位擅说《水浒》的评书艺人,双簧是他跟自己的侄子黄鹤飞共创的,甚至还附会出了叔侄二人进宫为慈禧太后表演节目的故事。说法各一,聊备一听。不过,这些民间传说倒是都点出了双簧表演的特点,所以民间曾有"双簧要学黄辅臣,前后好像一个人"的说法,亦即双簧表演最讲究配合默契。

双簧的另一个特点是滑稽幽默。早期的双簧表演以学唱为主,后面的演员操三弦自弹自唱,前面的演员则不出声,配合着做出各种相应的表情和动作,以歪学、重复、故意失误来逗乐观众。

双簧的曲目一般都比较短小，每次演出时经常连续演出二至三个曲目，结束的时候通常会有一个高潮部分，或者二人一起扭秧歌，或者学舞蹈，学唱杂曲等，在观众的捧腹大笑中戛然而止。

由于双簧节目比较容易逗乐，故而民国初年以后许多相声演员也纷纷效仿，说相声之余也兼演双簧，备受观众欢迎。继黄辅臣之后，较为出名的擅演双簧的艺人有李德钖（艺名万人迷）、徐维亭（艺名徐狗子）、赵霭如、朱阔泉（艺名大面包）、孙宝才（艺名大狗熊）、王文禄等。

20世纪40年代初的时候，电影院在放映前通常会加演两三个曲艺节目，孙宝才就经常应邀赶场去演出。这天，他要从东城的一家影院赶到西单的大光明影院去，就在门口叫了辆洋车，说好了一毛钱也没还价就上车了。拉车的认出他是演双簧的孙宝才，没跑几步就开口道："嘿！大狗熊！给来一段呀？"孙宝才心中不悦，暗想：观众叫我大狗熊，那是我在卖艺，这会儿我坐你的车是你挣我的钱，竟然也这么不知道尊重人……想罢，他压着火故意问：现在就听吗？那好，说着掏出竹板就边打边唱了起来。一段《王二姐思夫》唱完才到六部口，一路上有看热闹的还一直连连叫好。还想接着听？好，他又唱了一段别的，刚唱到一半到地方了，这时候，孙宝才开言道："得了，掏钱吧！两块钱一段，刚唱了一段半，你给三块钱吧！""不是，您得给我一毛，我是拉车的！我上哪儿有三块钱哇？刚才我那是开玩笑的。"车夫终于明白孙宝才为什么发火了，懊悔不已。折腾了半天，估计着快轮到自己上场了，这才语重心长地对车夫说道："咱都是穷苦人，伺候人的人，我哪会真要你的钱呢。不过，伺候人的也不能拿伺候人的寻开心啊！"围观的人群纷纷点头。

"一代鼓王"刘宝全

形成于清末的京韵大鼓,是由河北河间一带的"木板大鼓"和清代流传于八旗子弟间的"清音子弟书"两者融合而形成、发展起来的。

木板大鼓又叫"怯大鼓",一个"怯"字,既说明了它的乡音浓厚,也意味着要想被讲究的北京观众真正接受,就必须进行一番合乎时宜的改革。以胡十、宋五、霍明亮等为代表的一批艺人在长期的演出实践中,渐渐去掉了"怯大鼓"原先浓重的保定、河间等地方音,尤其在读音上尽量向京津音靠拢,在表演形式上向当时流行的梆子、皮黄等戏曲学习,使得"怯大鼓"渐具了后来京韵大鼓的雏形。

从"怯大鼓"到京韵大鼓,起到关键性作用的代表性人物首推清末民初涌现出来的艺人刘宝全,与刘宝全同一时期出现的艺人白云鹏、张小轩也分别在"怯大鼓"的基础上进行了不同程度的改革,并分别形成了各自不同的演唱风格与拿手唱段,"刘、白、张"三大流派呈鼎足之势,在当时的京津曲坛享誉一时。

青年时期的刘宝全曾先后师事胡十、霍明亮,并曾为宋五伴奏过一段时间,因此技艺比较全面又能博采众长。二十一岁时,刘宝全来到北京献艺,结识了谭鑫培、孙菊仙等京剧名家,并得到了他们的多方指点。有一次,谭鑫培听完他的演唱,对他说:"你是唱书,不是说书,还有口音带点怯,北京的有些座儿恐怕听不惯,作艺的讲究随乡入乡,你是聪明人,自己回去琢磨吧!"一字千金,如醍醐灌顶,刘宝全接受了谭鑫培的意见,遂与其他艺人一起开始着手对他们演唱的木板大鼓的音乐唱腔、演唱方法、伴奏、曲目以及语音等方面进行全面的改革,并在演出实践中不断地加工完善。他集前辈改革的成果于一身,又不断深入研习和拓展,除了在演唱时全部使用京腔京韵,又发展了唱腔和伴奏形式,形成了音乐上高低徐疾、上下自如,风格上刚柔并济、雅俗共赏的特点,令人耳目一新。在创造新腔的同时,还完善了似说似唱、说唱交融的演唱方法。

1908年,百代唱片公司灌制了一张单面的钻针唱片,题名为"大鼓书",收录了刘宝全演唱的小段《八喜·八爱》。这也是迄今为止发现的刘宝全先生最早的一张唱片。再加上借助新兴的商业广播电台的传播,京韵大鼓一时间风靡了大江南北,征服了无数的观众和听众。由他牵头成立的"宝全堂艺曲改良杂技社",经常往返各地演出,而他的演唱在杂耍园子里的节目场次上,逐渐取代了当时流行的单弦牌子曲,跃居"攒底"地位,博得了"鼓界大王"的美称,极大地促进了这一曲种在北方曲艺中的影响。

京韵大鼓的传统曲目中,以表现金戈铁马的战争故事较多,自刘宝全起,在表演中融入京剧表演中"刀枪架"身段和手势,一时成为时尚,并影响了整个鼓曲界。同时,他高超的艺术造诣,也为许多戏曲名家在表演中吸收借鉴。梅兰芳、马连良、杨小楼、王瑶卿、余叔岩、言菊朋等许多京剧名家都深为他的艺术功力所折服,并不同程度地借鉴了他的旋律唱腔和唱念动作。

民国二十八年(1939),上海中华影业公司曾将刘宝全演唱的京韵大鼓《宁武关·别母乱箭》拍摄成舞台纪录影片,这也是我们今天能看到的唯一一段刘宝全先生的珍贵影像资料。当时,日军占领了京津地区,山河破碎,民不聊生,刘宝

白凤鸣演唱京韵大鼓

全演唱的这段取材自历史故事的京韵大鼓曲目，蕴含了颂扬爱国主义精神的深刻含义，更彰显了一位民间艺人在国难当头时的人格魅力，赢得了更多国人的敬重和赞誉。

民国三十五年（1946）北京成立曲艺公会后，经过刘宝全等人改革过的"怯大鼓"遂正式定名为"京韵大鼓"。京韵大鼓的演唱内容多取自《三国演义》《水浒传》《红楼梦》等古典名著，韵白讲究，唱腔委婉，故也被称作"京腔雅韵"。京韵大鼓鼎盛时期，名家辈出，流派各异，成为京津两地包括全国各大中城市的观众都十分喜爱的北方曲种之一。

京韵大鼓发展至今已有一百多年的历史，流派纷呈，曲目经典，成为北方鼓曲艺术的典范曲种，传唱至今，经久不衰。京韵大鼓的主要艺术特点是：雅俗共赏的形式，刚柔并济的风格，说唱结合的方法，以及一曲多用的唱腔和写意传神的表演。继"刘、白、张"三大流派之后，还有公认的"少白派（白凤鸣）"和"骆派（骆玉笙）"等。

"梅花鼓王"金万昌

梅花大鼓产生于清朝道光、咸丰年间的满族票友中，已有二百多年的历史，创始人是旗籍子弟玉瑞，别号梅花馆主，时称"梅花调"。初为清票客串时演唱，故也称"清口大鼓"，因为流行于北京北城，亦称"北板大鼓"。流传到南城后，经过金万昌、韩永忠、韩永禄、苏启元等人共同改进，经过千锤百炼，把北板大鼓比较简单化的腔调加以补充修改，丰富了演唱板式，使得唱腔一字九转、清隽幽雅，行腔柔媚、不拙不飘，最终形成了一套完整的体系，演变成了现在的梅花大鼓。梅花大鼓传到20世纪二三十年代已达高峰，南板梅花调比北板梅花调曲调丰富，过板音乐也更花哨热闹，鼓套子、过板音乐的大过门也多，因此北板梅花调也就渐渐失传了。

金万昌（1871?—1944?），十三岁开始向韩万祥学唱木板大鼓，十七岁开始在"堂会"上唱票，非职业艺人，却小有名气。二十岁时向文玉成学习梅花调，后与弦师苏起元合作，才真正以此为业。

1917年，金万昌到天津演出，一鸣惊人。此后，梅花大鼓在天津得以普及，金氏唱法被人们称为当时的"最摩登调"，确立了"金派"梅花大鼓的地位。由于金万昌五十余年间从未中辍，在京、津、宁等城市演出，颇受追捧，使得梅花大鼓一跃成为当时的流行曲种之一。他以其高昂婉转的唱腔、出神入化的鼓板、刻苦钻研的精神及有教无类的艺德，令梅花大鼓成为能与京韵、单弦分庭抗礼的曲艺形式，他也被时人尊称为"梅花鼓王"，同刘宝全、王佩臣一起被誉为"鼓界三绝"。

金万昌天赋甚佳，五音俱全，嗓音得天独厚，嗖音颚音多，吐字发音讲究，有高有低。北七山人曾写过第一次听金万昌唱梅花大鼓的场景："那是在北平哈尔飞，金万昌先生虽年近花甲，已经步履龙钟，可是一上场打一通鼓套子，已经让人叫绝了。他躯干轩昂，可是唱起来缠绵悱恻，柔靡醉人，在过门行弦的时候所打的鼓套子更能丝丝入扣，令人叫绝。"金万昌的演唱占全了"悲脆媚""稳准狠"，是能体现"情、境、韵，板、字、口"这六字诀的少数艺人之一。"梅花皇后"史文秀（艺名"花小宝"）在回忆文章中就曾提及，当年为了"偷"艺，每回演出后都留下来，就为了专门看金先生的鼓板好暗中学习。

"金派"梅花大鼓影响深远，在当时的曲艺界形成了"无梅花不学金"的局面，也为后来梅花大鼓改革发展和女性唱腔的形成打下了基础。他创立的"金派"梅花大鼓和瞽目弦师卢成科创立的"卢派"梅花大鼓并称传统梅花大鼓的两大流派。卢成科在梅花大鼓的曲调、唱腔和唱法以及伴奏音乐方面的革新，最为人称道，对这一曲种的传承发展亦多有贡献。

民国十五年（1926），金万昌在北京四海升平演唱《二度梅》时，为了与原有的北板梅花调即清口大鼓相区别，在海报上特意标出"梅花大鼓"的字样，一般认为这便是梅花大鼓的最初定名。也有说因为它通常的演出形式是一人击鼓演唱，另有三弦、四胡、扬琴、琵琶等乐器伴奏，五种乐器被喻为梅花的五个花瓣，故而取名为"梅花大鼓"（也有七件乐器或九件乐器伴奏的，又称为"七音大鼓"或"九音大鼓"）。

梅花大鼓长于叙事中抒情，唱词基本为七字句或十字

郭筱霞演唱梅花大鼓

句,有慢板、二六板、上板三个基本板式,和以这三个板式的名称命名的三个基本唱腔。唱腔从开始的婉转悠扬的慢板、二六板,到活泼跳跃的紧板,再到结尾时徐缓抒情的慢板,有时也穿插一些〔太平年〕〔银纽丝〕等曲牌,余音袅袅,回味悠长。此外,还有几种特殊的演出形式五音联弹、含灯大鼓、双鼓合音等。

由清末艺人传下来的梅花大鼓传统曲目共有三十三段,其中以改编自《红楼梦》故事的作品居多,如《黛玉葬花》《黛玉悲秋》《宝玉探病》《探晴雯》等,其他题材的曲目有《鸿雁捎书》《摔镜架》《昭君出塞》《韩湘子上寿》等。

走街串巷数来宝

数来宝，又名顺口溜、溜口辙、练子嘴。早在明初时，数来宝就有了师承关系和十三门户，流行于中国南北各地，来源是流落于民间的乞丐沿街乞讨的一种手段，是快板和快板书的前身。常由一人或两人说唱，用两块竹板或系以铜铃的牛髀骨打拍，常用句式为可以断开的"三、三"六字句和"四、三"七字句，两句、四句或六句即可换韵。最初是艺人用以走街串巷、在店铺门前演唱索钱。由于艺人沿街说唱乞讨，多为见景生情，根据商家的买卖内容即兴编词，常把商店经营的货品夸赞得丰富精美，"数"得仿佛"来"（增添）了"宝"，因而得名。后数来宝进入小型游乐场所演出，说唱内容有所变化，部分艺人演唱中国民间传说和历史故事，逐渐演变为快板书，与数来宝同时流行。

数来宝的伴奏乐器几经演化，有钱板儿、撒拉机、牛掀板骨、三块板儿等，最终固定为七块板，即两块大竹板和五块小竹板，用来击节伴奏，烘托气氛，也可以在演唱之前做纯技艺型的表演。

数来宝在其漫长的历史发展中，经历了"串街走唱"和"撂地演唱"的过程。大部分乞讨者所唱的数来宝，句式简单，内容单一。成为一种曲种形式后，经过几代艺人的不懈努力，留下来的传统曲目主要有《同仁堂》《诸葛亮押宝》《十字坡》

高凤山、王学义表演数来宝

《杨志卖刀》等。

"曹麻子"是天桥"八大怪"之一，以演唱牛骨数来宝而闻名，原名曹德奎，北京大兴青云店人，农民出身，因脸上有麻坑，故艺名"曹麻子"。他自民国元年（1912）开始在天桥演出，住在天桥东边川堂院的小店，直至1939年去世，活跃了二十多年。

在一众按部就班的数来宝艺人中，曹麻子是个绝对的"清流"。他头脑灵活，善于创新，编演了许多新段子，有《推翻满清》《北伐成功》《大实话》等。他所编段子有的有关政治，有的贴近生活，深受群众欢迎。和其他数来宝段子相比，他的段子艺术水平高，在内容上富有教育意义，语言干净，没有脏字；从句式上，大都七字一行，给人以新鲜感。尤其是他创作的《大实话》，以通俗的语言、七字句的形式，描绘出广大人民的日常生活，将人们的生活场景及处世经验娓娓道来，使人听后深受教育和警示。

曹麻子每天下午手持两块牛髀骨去天桥撂地演唱，观者甚众。只见他半跪在地上，头戴小辫，脸抹大白，摇头晃脑，眼翻眉挑，口若悬河，分外神气，是天桥一带名气不小的说唱艺人。

年仅七岁的高凤山，家贫如洗，衣食无着，在天桥看到曹麻子的演唱后便被深深吸引，随后拜其为师，开始了卖艺生涯。数来宝传统的表演方式就是半跪着演唱，既不能抬头跟观众交流，也不方便配合故事内容做些动作。他好不容易说动了师父，毅然将跪唱改为了站唱，还加上了合适的手势、眼神及面部表情等，一时很受观众欢迎。

后来，曹麻子久病不愈魂归故里，弟子高凤山为其处理后事，并将其吃饭的"家伙什"数来宝继承了下去且发扬光大。

"琴书泰斗"关学曾

北京琴书形成于 20 世纪 40 年代，流行于京津冀一带。但它起初并不叫这个名字，而是称为单琴大鼓，其前身是清道光年间在河北及北京通县（今通州区）和东南郊区一带的农村传唱的五音大鼓。在此基础上，通县五音大鼓艺人翟青山等人创立了单琴大鼓。

说起单琴大鼓的由来，也有一段逸事。原来的五音大鼓只是农民在农闲时的自娱自乐，民国九年（1920）以后开始有职业艺人到市镇上撂地演出，以此为生，渐有影响。翟青山就是其中的佼佼者。有一次，翟青山受邀上电台演唱五音大鼓，结果弹三弦和拉四胡的两人因私事都没来，翟青山无法，只好仅用一台扬琴伴奏。没想到电台播出后，大受听众欢迎，纷纷反映这次的五音大鼓既清新优美，词句又听得清楚。于是，翟青山便决定在以后的演出中去掉其他乐器，只用扬琴伴奏，而他演唱的五音大鼓也正式更名为"单琴大鼓"。可是到了园子里演唱，一张扬琴的声音又不像电台里那么清楚，翟青山便琢磨着增加了四胡伴奏，这样能保证不搅和琴声，效果挺好，于是去电台唱就单用扬琴，去园子唱就加四胡。可这样一来，单琴大鼓的名称又不准确了，翟青山就仿照外地的曲艺形式给它起名"琴书"。

原名关士清的关学曾是单琴大鼓的第二代艺人，十四岁

关学曾演唱北京琴书

时拜师常德山,十六岁开始登台。20世纪40年代,关学曾开始与琴师吴长宝合作,眼见各地琴书都各有特色,两人便商量着用纯粹的北京语音演唱,从吐字发音到行腔规则,从特殊发音到惯用俗语,突出表现京腔京味儿,伴奏乐器除扬琴、四胡外又增加了一个扁鼓,演唱的曲目也由过去的长篇大书为主改为多以现实题材创作的短段。

关学曾的嗓音洪亮宽厚,表演神形兼备,念白字正腔圆,唱腔优美动听,板式铿锵有力,在演唱上自成一家,让人过耳难忘。在他二十多岁时,就有听众给他送去一块匾,上书"琴书泰斗"。关学曾的演唱说似唱,唱似说,说与唱水乳交融,表演上也不断革新,大胆吸收其他姊妹艺术的表现手法,模拟人物,叙事抒情,充分发挥了曲艺一人多角的特点,在观众中很有人缘。

跟关学曾合作多年的琴师吴长宝在唱腔设计和音乐革新

上也颇多贡献，他的扬琴伴奏，技巧娴熟，严丝合缝地配合演员的演唱和表演，大大增加了琴书演唱的艺术魅力。北京琴书唱腔讲究"初眼开始唱，末字落板上""说在调上唱在腔"等，主要唱腔有一板三眼的慢板，有板无眼的垛板，快慢变化自如，听起来通俗入耳，亲切感人，因此受众极广。

在北京正阳门箭楼的一次演出中，关学曾正式打出了"北京琴书"的名称，1951年正式定名。从此，北京琴书和关学曾，就成了北京曲艺的代表性符号。

谈古论今人间事——评书

说书艺术古已有之，历史悠久，隋唐时期即发展为一种成熟的技艺，称为说话，也就是讲故事。从现有的一些史籍中可以知道，唐代开始有了职业化的说书艺人，并且有话本流传下来。至宋代，"说话"技艺最为盛行，南宋时这门艺术已从内容上分为四家，各有门庭，一般认为《都城纪胜》中的记述比较准确，即：一、小说（又称银字儿）；二、说公案、说铁骑儿；三、说经、说参请；四、讲史书。此外，还有"说诨经""说诨话"这类专讲滑稽讥讽引人发笑的故事的。

经过元明两代的积淀，说书艺术在清代迎来了发展的大好时机，天下承平日久，城乡经济的繁荣，文化交流的频繁，北京曲艺呈现一派兴盛景象。乾隆初年，只说不唱的评书与又说又唱的弦子书分流，北京评书这一重要曲种开始成形。

据有关文献资料载，已知北京最早的评书艺人是原为演唱弦子书的王鸿兴。相传，雍正十三年（1735），因为皇帝驾崩，京城百日内禁止一切娱乐活动，王鸿兴便"弃其弦歌，抵掌而谈"，说的是《三国演义》《水浒传》的故事，故而有了评书这一曲种。按民间评书艺人的通行说法，王鸿兴一生收徒八人，俗称"三臣五亮"，其中"三臣"即安良臣、邓光臣、何良臣，以说评书为业；另五位徒弟则以演唱弦子书为业。此后，"三臣"又各自收徒，评书艺术乃代代相传，在各地开枝散叶，京津及北方各地的评书艺人多出自此三支。

李声振所著《百戏竹枝词》一书中，有一首咏"评话"的，其序曰："其人持小扇指画，谈今古稗史事，以方寸木击以为节，名曰'醒木'。"从中可见，一直沿袭至今的评书说表方法与早期的情景并无二致。

评书艺术的主要特点就是夹叙夹议，说表细腻，情节紧张，人物鲜活，其结构通常是由几个大"坨子"构成若干段落，每个段落中又有若干大小"扣子"（即悬念），艺人熟练运用各种艺术手段来组织故事，铺垫情节，吸引观众每日来听书，欲罢不能。评书中还有不少用韵文铺排的赞赋，用来描绘人物形象，介绍环境景物，渲染情绪心理，常用一气呵成的"贯口"来咏诵，形象感、画面感极强。传统评书的内容多以历史故事和公案侠义故事为主，按照题材的不同又具体分为袍带书、短打书、神怪书和谈狐说鬼书等。据不完全统计，从评书诞生起至民国初年，在北京经常上演的评书书目已有三十余部。

清末民初是评书发展的鼎盛时期，书棚书馆遍及全城，北京的天桥等地更是评书艺人集中撂地演出的地方。评书艺术的兴盛，也意味着评书艺人名家辈出，各领风骚。

陈士和、双厚坪和潘诚立是早期的对评书在北京的发展起到重要影响的艺人。

陈士和以说《聊斋》故事见长，他擅长把原本用文言文写就的聊斋故事说得通俗易懂，无论是人物的心理状态，还是事件的细腻描摹，都让人如闻其声，如见其人，给人以身临其境之美感。

双厚坪的书路很宽，擅长的书目有《隋唐》《精忠》《封神榜》《济公传》《水浒传》等，故而在观众中赢得了一个"双记书铺"的美名。又因为他学识渊博，技艺精湛，时人谓之"评书大王"。

潘诚立则获封"潘家书铺"的美誉，他擅说的书目有《精忠》《隋唐》《明英烈》《包公案》等书。他亦有很高的文化修养，通晓各类知识，常在演出过程中引经据典地给观众讲些"书外书"，同样大受欢迎。

民国五年（1916），北京评书研究会成立，先后推选双厚坪、潘诚立为会长。研究会的成立对评书在北京的发展产生了重大影响，例如对当时经常上演的四十余部大书进行了一次整理修订，确定了其中的二十九部书目可以改正上演。这说明评书这一行业自身的管理渐趋规范，由此也带来了业界良好的公平竞争局面。这一时期涌现的说书艺人也都深受北京观众的喜爱和欢迎。

20世纪30年代起，无线电广播的兴起为评书的发展又提供了新的机遇。从书馆走进电台，评书艺人不仅有了新的演出阵地，也扩大了观众的数量，当然这些商业电台也借着评书赚了钱，因为艺人在电台说书，同时还兼播广告。譬如，当时颇有名气的评书艺人王杰魁在电台播出《包公案》，聪明的商铺接上扩音器播放，引得行人纷纷驻足，拥到店铺门口争相聆听，一时间，王杰魁"净街王"的美称不胫而走，妇孺皆知。

评书的兴盛，也连带着推动了出版行业的红火。20世纪30年代有两部剑侠书就非常走俏，一部是常杰淼编演的《雍正剑侠图》，另一部是张杰鑫编撰的《三侠剑》，出版之后引得北京的许多评书艺人都据此争相演说。

说学逗唱解人颐——相声

相声作为一门独立的艺术形式,是在吸收了多种艺术形式之元素的基础上逐步发展而成的,其艺术特点构成的源头可以追溯到中国古代的多种艺术形式。这一点是毋庸置疑的。

从古代俳优"谈言微中,亦可以解纷"(司马迁《史记·滑稽列传》)的表述方式和喜剧精神,唐代"参军戏"中一智一愚、一庄一谐的对话形式和曲解谐音、插科打诨的表现手法,到宋代勾栏瓦肆中争奇斗艳的各种民间技艺里的主要表现手段和技巧,直至明清时期日臻成熟繁盛的各种说唱艺术,可以说,相声是孕育、脱胎于中华传统文化艺术的丰厚土壤之中。

"相声"二字的由来

相声诞生于北京,是地道的北京"土产"。那么,"相声"这两个字究竟怎么解释?它又是怎么来的呢?

常听相声的人大约都熟悉这种说法,也就是老艺人们总结的——相声,就是相貌之"相",声音之"声"。他们的解释是:"相"指的是表情,"声"则指的是声音(说唱)。这类说法流传很广,但细究起来其实并不确切,甚至略有牵强附会、望文生义之嫌。

而根据学者们的研究考证,"相声"一词经历了"像生—像(象)声—相声"这样一个演变和发展的过程。从"像声"

侯宝林、郭启儒表演对口相声

到"相声"的发展过渡，也是相声形成、成长到最终定名的阶段。

宋代百戏时的"像生"，是以模拟为主的综合艺术，尽管内容与今天的相声不尽相同，但也有不少相似之处。作为一种技艺，"像生"逼真地再现了生活中的人物、世态，也包括对自然万物的模拟，"像生"与相声的渊源就在于后者继承并且发展了它的技巧和其中的幽默喜剧成分，不仅仅局限于单纯的技巧展示，因而获得了更为长久的生命力。

到了明清时期，"像生"逐渐演变成了"像声"（有的写作"象声"），发展了"像生"中模拟自然和人的声音这一特长，慢慢转化成了一种独立的艺术形式，即口技，其中也突出滑稽逗笑的成分。

乾隆年间蒋士铨所著《京师乐府词》中有《听象声》一首，细致入微地记录了当时的表演场景：

一人外立一中藏，

藏者屏息立者神扬扬。

呼客围坐钱入囊，

各各侧耳头低昂。

另在李声振《百戏竹枝词》、徐珂《清稗类钞》、李斗《扬州画舫录》等书中，也都对当时技艺高超的口技艺人及表演的内容做过生动细致的描述。历史上，"画眉张""百鸟张"等艺人以绝活留名，也是佐证。

《红楼梦》第三十五回中，有薛宝钗对薛蟠说的话："……你不用做这些像生儿……"可见，"像生"（或作"像声"）在明清时期已经是一种相当普及的表演形式了。

从单纯模仿自然界的风雨雷电、鸟兽嘶鸣到各类人声，口技艺人进而开始进行有故事情节、人物设置的艺术创作，并穿插有插科打诨，口技的内容大大丰富。明清时期，口技一度十分兴盛，以致出现了"隔壁戏"，也叫"隔壁相声"，即表演者藏身在帷幕后面模拟出各种声音，观众只闻其声不见其人。"隔壁戏"又叫"暗春"，与之相对的就是"明春"，指的是演员面对观众的表演。

由"像生"到"像声"再到"相声"的演变过程，不仅是字面写法的不同，更可以明显看出相声与之前流行的民间技艺的渊源关系。不过，相声的最终定型实际上是经过了一个博采众长、逐步发展的漫长过程。

相声的开山鼻祖

一直以来，汉武帝时的东方朔被视作是相声行业的祖师爷，"曼倩遗风"的赞语就常用来夸赞某位演员的精湛技艺。过去在相声演员代代相传的宗谱里一直将朱绍文（1829—1904，亦作朱少文）作为相声的开山鼻祖，其实在朱绍文之前，也就是说至少在光绪年以前，张三禄就以相声享有盛名了。

云游客（连阔如）的《江湖丛谈》中介绍了张三禄的来历，说他原是一名演丑角的八角鼓艺人，技艺高超，擅长现场抓哏逗乐，颇受观众的欢迎。可是因为他的性格怪僻，不易搭班，受人排挤，遂愤而撂地单干，为了与八角鼓区分开来，他称自己的表演叫作"相声"——"相之一字是以艺人之相貌形容喜怒哀乐，使人观之而解颐，声之一字是以话的声音，变出痴茶呆傻，仿傚聋瞎哑，学各省人说话不同之语音"。张三禄既变戏法，又使口技，穿插着也使"贯口"，说笑话。当时十二文钱可以买一斤面，张三禄一天可以赚到二十五六吊钱，可见他的技艺非同一般。

张三禄比朱绍文年长许多，朱绍文虽然不是张的徒弟，但尊称他为老师，有些节目就是从张三禄那里学来的。

关于张三禄的文字记载只有零星的几条，他是否如云游客所说，"乃相声发始创艺人之一"还有待进一步的论证，但有一点可以肯定，张三禄的艺术活动及精湛技艺确实为相声的正式形成起到了关键性的作用。至少，他是相声草创时期的代表人物。

朱绍文，出身于汉军旗人家庭，祖籍浙江绍兴。他是一位极富传奇色彩的人物，其艺术生涯历经了清咸丰、同治、光绪三朝。

据说朱绍文本是个举子，有一年赶考时因为路见不平、见义勇为遭到恶人的毒打，因此误了考期，索性就断了科举仕途的念头。他早年学唱京剧丑角，又学过架子花脸，一度曾搭戏班演出。清朝道光末年，改学十不闲莲花落的"前脸儿"（即丑角），可好景不长，十不闲莲花落很快也日渐衰落。1861年，咸丰皇帝驾崩，朝廷颁布《国丧禁令》，一百天内不许唱戏娱乐，为生活所迫，他最终只得改行到天桥撂地，卖艺为生，因此成名。

"满腹文章穷不怕，五车书史落地贫"是朱绍文作艺时手执的竹板上镌刻的两句话。"穷不怕"的艺名即由此得来。平日，他总是怀揣着一小袋白沙子，手持两块四寸长一寸多宽的竹板，腋下夹着一把小笤帚，从地安门外毡子房他的住处步行到天桥。一天的卖艺生涯就这样开始了。随身的道具虽然简陋，但却能吸引不少观众驻足围观，因为朱绍文的拿手绝活便是"白沙撒字"。只见他先用白沙画出一个大圆圈，然后单膝跪地，右手的拇指和食指捏起一撮沙子，左手以竹板击节，一边撒字一边演唱太平歌词。朱绍文不仅擅长"白沙撒字"，还能把《百家姓》《千字文》编成小曲演唱，再加上说个笑话之类的，就形成了一个人表演的单口相声。他自编自演的作品多俗中见雅，广受好评。后来，他收了徒弟贫有本、富有根、徐有禄和范有缘，演出时两人一捧一逗，互相问答，逐渐就演变成了对口相声。朱绍文还将满族子弟票友阿彦涛和由评书改行说相声的沈春和收为代拉师弟（即代师父收徒弟），这样就有了相声的朱家门、阿家门和沈家门三个门派。自此，相声行业开始有了传徒授艺的规矩。

"说学逗唱"与"拆唱八角鼓"

相声演员常说，相声讲究的是"说、学、逗、唱"四门技艺。这又是从何而来呢？原来，"说、学、逗、唱"跟清代流行的"拆唱八角鼓"大有关系。

"拆唱八角鼓"又名"牌子曲拆唱""八角鼓带小戏""牌子戏"，形成于清代中叶，由清代乾隆年间的"岔曲带戏"发展而来。"拆唱"的意思就是把原先一个人演唱的曲目拆开，根据故事中人物的多少，改由二至五人分包赶角来演唱。最初，"岔曲带戏"都是由优童演唱，主要角色多是正旦和小旦。后来旗籍子弟演唱"拆唱八角鼓"时，分正、丑两种角色，以其中的丑角为主要角色，突出其中的戏谑成分。一般以三人演唱的节目为多，弹弦的演员有时也参与演唱。演唱时，丑角一人于舞台上做简单的装扮，常在唱词之外增添许多插科打诨的说白，这些说白往往又与故事内容无甚关联，纯粹就是逗趣的噱头而已，无非就是为逗观众一乐。张三禄当年就常演"拆唱八角鼓"中的丑角。

嘉庆三年（1798）刊行的戴全德《浔阳诗稿》中有一首小曲描述了当时拆唱八角鼓的演唱情况：

〔花柳调〕八角鼓，武艺高，伙计三人嗓子好。做正的打鼓弹弦子，丑脚是站着。家伙响动开唱：曲词新鲜，嗓子脆娇；丑脚斗亘堪笑，脖子打肿了。可爱初次听，真畅快，可惜再复说，俗气了。

另有清人小说《风月梦》第十三回中,也描述了道光年间旗籍子弟在扬州演出"拆唱八角鼓"的情景,其中有"斗绠儿"一词。

"斗亘"和"斗绠儿"即"逗哏"的意思,指表演中站在右首的演员,扮作丑角,抓哏凑趣,引人发笑。其中三个人表演的节目,已经相当于后来的群口相声的雏形。

张三禄以单口相声闻名于世,被后人尊为相声的创始人,跟他娴熟运用"拆唱八角鼓"中丑角的表演手段,从而起到逗乐的目的并以此吸引观众是分不开的。早期的相声艺人中,很多也经常表演"拆唱八角鼓"中的丑角,而且,在相声初步形成的时期,"拆唱八角鼓"正是北京当时较为流行的一种艺术形式,因此,从具体的表演形式及表现手段来看,则可以肯定相声与八角鼓之间有着直接的承继关系。当然,相声最终成为一种独立的艺术形式,不仅借鉴、糅合了自古以来多种艺术的表演元素,而且使之不断地丰富和发展,日趋完善。

"拆唱八角鼓"的表演技艺讲究"吹、打、弹、拉、说、学、逗、唱",相声以"说"为主,不再需要伴奏,因此,这八项技能就只留下"说、学、逗、唱"成为相声演员的专项了。"说"是叙说笑话和打灯谜、绕口令等;"学"是模仿各种鸟兽声、叫卖声、唱腔和各种人物风貌、语言等;"逗"是互相抓哏逗笑;"唱"最初专指演唱太平歌词,后发展为歪唱或正唱歌曲、戏曲等。四者之间并非平行并列关系,其中"逗"贯穿始终,在具体节目中则根据不同内容或演员个人特长而各有侧重。

相声既出,行业始建。自朱绍文等开始收徒授艺,香火绵延,至清末民初,相声已经逐渐成为人们娱乐消遣的重要方式。此后,相声从撂地登上了舞台,随着时代的发展,相声几历风雨,日益成为文艺百花园中一枝独具魅力的艺术奇葩。

"清门"与"浑门"

从"拆唱八角鼓"到相声，旗籍艺人们的贡献不容忽视。而阿彦涛等旗籍子弟票友的下海，则促进了"清门"和"浑门"相声的"合流"。

所谓"清门"相声的"清"字，一般有两种说法：一是指所演的节目多用词文雅，讲究格调，不带脏口，与艺人撂地演出的荤段子相对；二是指表演者多为旗籍子弟，清高自傲，创作和表演相声纯属自娱，与卖艺挣钱不同。

由旗籍子弟票友自组的班社，一般只在"堂会"演出，不收任何费用，最多吃一顿饭，叫作"耗财买脸"。主家若邀请他们演出，得有正式的请柬，演员自带服装、乐器到场，演出时请柬压在茶海下边，意思是对演员要尊重，不能轻视。"清门"相声演员大都文化水平较高，诗词歌赋，吹拉弹唱，皆多才多艺。他们编演的作品如《八猫图》《穷富论》《五红图》《五行诗》《窝头论》《夸住宅》《对春联》等，已经成为我们耳熟能详的传统相声中的精品。

"清门"相声的代表人物主要有：钟子良、陈子珍（又作陈子贞）、广阔泉、高玉峰、谢芮芝、戴少甫、谭伯儒等。

钟子良，满族正蓝旗人，曾做过内务府生事，是当时黑公爷府的额驸（姑爷）。他自幼饱读诗书，精通音律，擅吹笛箫。钟子良不仅擅长相声创作，单口、对口、群口相声都能演，且捧逗俱佳。由他创作的相声段子至今仍在舞台上演出，如《八大改行》（后经过加工整理更名为《改行》），就是钟子良的代表作之一。原作中写了八个人物为了生活不得已而改行闹出的笑话，后因时间限制演员只仿学刘宝全、龚云甫和金少山三个人物了，从中可见他对多种行业的熟悉程度。另有相声《暗八扇》，其中的"贯口"历数了关帝庙、铜雀台、阿房宫、大观园等各式建筑的风格，词句典雅，对仗整饬，体现了作者良好的文学功底。他还创作过相声《卖五器》，其中讽刺德国侵略者的一段就是完全脱胎于自己的真实遭遇。

陈子珍，家境殷实，从小喜爱文艺，最初跟名票恒月川学京剧，会拉会唱。一次，京剧票友和相声票友参加同一个堂会演出，陈子珍看到钟子良不仅谈吐文雅而且相声说得非常好，就提出想学相声。钟子良见他一表人才，又有文化，便答应教他。经过一段时间的学习，钟子良常带着陈子珍出去参加堂会的演出，钟捧陈逗，结果这一老一少两位票友的节目大受欢迎。后来，钟子良又把二女儿许配给了陈子珍，翁婿俩朝夕相处，切磋技艺，其乐融融。钟子良见陈子珍的演技越来越成熟，便建议他正式下海说相声。于是，陈子珍加入"全顺堂"班社，和广阔泉在城南游艺园搭档演出。两人还曾三赴上海，引起轰动。后陈子珍由"万人迷"李德钖收为代拉师弟，等于从"清门"正式进入了"浑门"，成为20世纪二三十年代的著名相声演员。

相声的讽刺传统

1910年出版的《也是集续编》（英敛之著）中，有一段介绍相声的文字说："其登场献技，并无长篇大论之正文，不过随意将社会中之情态撷拾一二，或形相，或声音，模拟仿效，加以讥评，以供笑乐，此所谓相声也。该相声者，每一张口人则捧腹，甚有闻其趣语数年后向人述之，闻者尚笑不可抑，其感动力亦云大矣。"

从这段文字中不难看出，相声自诞生之初起，就具有强烈的讽刺批判功能，无论是针砭时弊，还是描摹世态，皆与传统文化艺术中的喜剧表达一脉相承。像无名氏编演的《大人来了》，就讽刺了九门提督出门时故作威风的丑态；朱绍文编演的《字象》，讽刺的是贪官污吏的恶形恶状；20世纪20年代，张寿臣编演的《揣骨相》则公开抨击卖国贼曹汝霖；抗日战争时期，常宝霖、于俊波编演的《牙粉袋》《劈柴棍》等小段，则辛辣地揭露了日伪残酷的压榨和剥削，等等。

　　清光绪三十二年（1906）发生的一件事，在相声的发展史上也值得大书一笔。当时任京师步军统领的肃亲王善耆出巡，行至地安门大街时，街上行人纷纷避让，偏偏在街头卖艺的相声艺人冯昆志没有立刻停下来，结果冯不仅被鞭笞四十，还戴枷游街三日，从此一病不起。善耆本就不待见相声艺人日常对权贵的讥笑嘲讽，这回更是借题发挥，不肯善罢甘休，发布通告禁止在北京城内演相声。艺人们被迫丢了谋生的方式，只得背井离乡远走各处，直到宣统二年（1910）善耆卸任后，才又相继回京。不过，这也客观上促成了原本只在北京发展的相声开始走向全国各地，扩大了影响。其后，随着艺人们的流动，相声慢慢成了流行于全国的一大曲种。